Pimpinlah, Roh Kudus, Dalam Nama Yesus Seri Lengkap (Bagian 1 dan Bagian 2)

Matthew Vishnubalan

Published by Mary Joanne Rajeseperi, 2025.

PIMPINLAH, ROH KUDUS, DALAM NAMA YESUS
SERI LENGKAP (BAGIAN 1 DAN BAGIAN 2)

First edition. May 10, 2025.

ISBN: 979-8231392018

Written by Matthew Vishnubalan.

Buku Ini Didedikasikan

kepada

Allah Bapa

Putra

Dan

Roh Kudus

Isi

Pendahuluan

Akan terjadi pada hari-hari terakhir - demikianlah firman Allah - bahwa Aku akan mencurahkan Roh-Ku ke atas semua manusia; maka anak-anakmu laki-laki dan perempuan akan bernubuat, dan teruna-terunamu akan mendapat penglihatan-penglihatan, dan orang-orangmu yang tua akan mendapat mimpi. (Kisah Para Rasul 2:17) Hari ini, kita mendengar banyak kesaksian tentang bagaimana para imam, uskup, gembala sidang, nabi, rasul, pengajar agama Kristen, dan bahkan orang Kristen awam membagikan mimpi dan penglihatan mereka serta memperingatkan orang-orang untuk bertobat dari dosa-dosa mereka. Buku ini adalah tentang perjalanan rohani saya dengan Tuhan Yesus. Dia menyelamatkan saya ketika saya kehilangan arah dalam hidup. Darah-Nya membersihkan semua dosa-dosa saya. Beritahukanlah jalan-jalan-Mu kepadaku, ya Tuhan, tunjukkanlah itu kepadaku. (Mazmur 25:4) Dia mengilhami saya dengan firman-Nya (Alkitab) dan membaptis saya dengan Roh Kudus dan api. Tuhan biasa berkomunikasi dengan saya dan membimbing saya melalui firman, mimpi, dan penglihatan-Nya.

Saya menyaksikan bagaimana Tuhan menyelamatkan saya dari kehidupan yang penuh dosa dan memberi saya tujuan dan harapan untuk terus hidup sebagai manusia baru di dalam nama Yesus. Keselamatan dan kasih-Nya bagi saya adalah sesuatu yang tidak dapat saya menyangkal. Melalui kuasa Roh Kudus, Dia mengajarkan saya tentang kehidupan, kasih, sukacita, damai sejahtera, kebahagiaan, penguasaan diri, dan takut akan Tuhan, yang akan saya bagikan dalam buku ini. Saya dibebaskan dari kuasa kegelapan dan dipindahkan ke dalam Kerajaan Anak-Nya yang kekasih. (Kolose 1:13) Dia mengubah hidup saya dari kutukan menjadi berkat, dan saya selamanya bersyukur kepada-Nya untuk itu. Saya tidak mengatakan bahwa tidak ada masalah dalam hidup saya, tetapi ketika saya belajar untuk menyerahkan hidup saya kepada Tuhan, beban itu menjadi kurang. Tuhan berperang dalam semua pertempuran saya dan memberi saya kemenangan. Cara Tuhan bekerja sangat berbeda. Hal ini tertulis dalam Yesaya 55:8-9, "Sebab rancangan-Ku bukanlah rancanganmu, dan jalanmu bukanlah jalan-Ku, demikianlah firman Tuhan. Seperti tingginya langit dari bumi, demikianlah tingginya jalan-Ku dari jalanmu dan rancangan-Ku dari rancanganmu." Haleluya. Segala kemuliaan bagi Tuhan!

Saya ingin memberikan penghargaan dan terima kasih secara khusus kepada Pendeta Senior E.T. Wong, Pendeta Edwin Tan, Pendeta Senior Yohana, Ibu Victory, Bapak Bambang Triatma, dan Ibu Patricia atas dukungan, semangat, dan kontribusi mereka yang sangat berharga. Saya juga ingin berterima kasih kepada istri saya, Mary Joanne, atas bimbingan editorial dan selaku penterjemah untuk buku ini. Tidak lupa juga anak-anak saya, Ezekial dan Eliana, atas doa dan dukungan mereka. Tuhan memberkati kalian semua!!! Saya mengucap syukur, pujian, hormat, dan kemuliaan kepada Allah Bapa, Anak, dan Roh Kudus yang telah memberkati dan mengurapi saya untuk membagikan kesaksian saya. Setelah membaca buku ini, saya berharap banyak orang akan diterangi oleh kepenuhan Roh Kudus dan mulai berjalan dengan penuh keyakinan di jalan Tuhan.

Roh Kudus

" Dan sesudah berkata demikian, Ia mengembusi mereka dan berkata: "Terimalah Roh Kudus." (Yohanes 20:22)

Alkitab mengatakan dalam kitab Kisah Para Rasul 2:1-4 bahwa ketika tiba hari Pentakosta, semua orang percaya berkumpul di satu tempat, dipenuhi dengan Roh Kudus, dan mulai berkata-kata dalam bahasa-bahasa lain, seperti yang diberikan oleh Roh itu kepada mereka untuk mengatakannya. Pada saat itu, banyak orang percaya dan menerima Yesus sebagai Mesias. Sejak saat itu, banyak kesembuhan dan pembebasan terjadi melalui kuasa Roh Kudus dalam nama Yesus. Injil Kristus diberitakan ke seluruh dunia. Ketika Yesus hidup di dunia, Dia berkata dalam Yohanes 14:15-18, "Jikalau kamu mengasihi Aku, kamu akan menuruti segala perintah-Ku. Aku akan minta kepada Bapa, dan Ia akan memberikan kepadamu seorang Penolong yang lain, supaya Ia menyertai kamu selama-lamanya, yaitu Roh Kebenaran. Dunia tidak dapat menerima Dia, sebab dunia tidak melihat Dia dan tidak mengenal Dia. Tetapi kamu mengenal Dia, sebab Ia menyertai kamu dan akan diam di dalam kamu. Aku tidak akan meninggalkan kamu sebagai yatim piatu. Aku datang kembali kepadamu." Hal itu terjadi seperti yang Yesus katakan kepada murid-murid-Nya. Haleluya! Terima kasih, Tuhan Yesus.

Banyak orang yang mungkin tidak mengenal siapa Roh Kudus itu. Roh Kudus adalah pribadi ketiga dari Trinitas. Saya percaya pada doktrin Trinitas. Doktrin Trinitas berarti bahwa ada satu

Allah yang secara kekal ada dalam tiga pribadi yang berbeda: Bapa, Anak, dan Roh Kudus. Allah Bapa mengutus Anak ke dalam dunia untuk menyelamatkan kita semua dari segala dosa kita, dan setelah Anak kembali kepada Bapa, Bapa dan Anak mengutus Roh Kudus ke dalam dunia. Setiap pribadi memiliki peran yang berbeda, namun mereka semua adalah satu Allah yang Mahakuasa. Haleluya!

Setelah membaca Perjanjian Baru, saya menerima karunia Roh Kudus (berbahasa roh). Saya menemukan bahwa karunia rohani adalah kekuatan luar biasa yang diberikan oleh Roh Kudus. Kasih karunia memberikan karunia-karunia ini, bukan kemampuan kita. Perjanjian Baru berisi beberapa daftar karunia rohani. 1 Korintus 12:4-7 menjelaskan: "Ada rupa-rupa karunia, tetapi satu Roh. Dan ada rupa-rupa pelayanan, tetapi satu Tuhan. Dan ada berbagai-bagai perbuatan ajaib, tetapi Allah adalah satu yang mengerjakan semuanya dalam semua orang. Tetapi kepada tiap-tiap orang dikaruniakan penyataan Roh untuk kepentingan bersama." Semua karunia rohani dimaksudkan untuk digunakan bagi pembangunan tubuh Kristus dan bagi kemuliaan Allah.

1) **Yesaya 11:2:** Roh Tuhan akan ada padanya, roh hikmat dan pengertian, roh nasihat dan keperkasaan, roh pengenalan dan takut akan Tuhan.

2) **Roma 12:6-8:** Demikianlah kita mempunyai karunia yang berlain-lainan menurut kasih karunia yang dianugerahkan kepada kita: Jika karunia itu adalah untuk bernubuat baiklah kita melakukannya sesuai dengan iman kita. Jika karunia untuk

melayani, baiklah kita melayani; jika karunia untuk mengajar, baiklah kita mengajar; jika karunia untuk menasihati, baiklah kita menasihati. Siapa yang membagi-bagikan sesuatu, hendaklah ia melakukannya dengan hati yang ikhlas; siapa yang memberi pimpinan, hendaklah ia melakukannya dengan rajin; siapa yang menunjukkan kemurahan, hendaklah ia melakukannya dengan sukacita.

3) **1 Korintus 12:8-10:** Sebab kepada yang seorang Roh memberikan karunia untuk berkata-kata dengan hikmat, dan kepada yang lain Roh yang sama memberikan karunia berkata-kata dengan pengetahuan. Kepada yang seorang Roh yang sama memberikan iman, dan kepada yang lain Ia memberikan karunia untuk menyembuhkan. Kepada yang seorang Roh memberikan kuasa untuk mengadakan mujizat, dan kepada yang lain Ia memberikan karunia untuk bernubuat, dan kepada yang lain lagi Ia memberikan karunia untuk membedakan bermacam-macam roh. Kepada yang seorang Ia memberikan karunia untuk berkata-kata dengan bahasa roh, dan kepada yang lain Ia memberikan karunia untuk menafsirkan bahasa roh itu.

4) **1 Korintus 12:28:** Dan Allah telah menetapkan beberapa orang dalam Jemaat: pertama sebagai rasul, kedua sebagai nabi, ketiga sebagai pengajar. Selanjutnya mereka yang mendapat karunia untuk

mengadakan mujizat, untuk menyembuhkan, untuk melayani, untuk memimpin, dan untuk berkata-kata dalam bahasa roh.

5) **Efesus 4:11:** Dan Ialah yang memberikan baik rasul-rasul maupun nabi-nabi, baik pemberita-pemberita Injil maupun gembala-gembala dan pengajar-pengajar.

6) **1 Petrus 4:11:** Jika ada orang yang berbicara, baiklah ia berbicara sebagai orang yang menyampaikan firman Allah; jika ada orang yang melayani, baiklah ia melakukannya dengan kekuatan yang dianugerahkan Allah, supaya Allah dimuliakan dalam segala sesuatu karena Yesus Kristus. Ialah yang empunya kemuliaan dan kuasa sampai selama-lamanya! Amin.

Roh Kudus Mengajar dan Mengingatkan

Tuhan berkata dalam Yohanes 14:26, "Tetapi Penghibur, yaitu Roh Kudus, yang akan diutus oleh Bapa dalam nama-Ku, Dialah yang akan mengajarkan segala sesuatu kepadamu dan akan mengingatkan kamu akan semua yang telah Kukatakan kepadamu." Dan sekarang, dengan pertolongan Roh Kudus, saya dapat membaca, mendengar, belajar, menulis, menghafal, bermeditasi, berbicara, bernyanyi, berdoa, dan mempraktikkan Firman Tuhan dalam hidup saya, yang memberikan saya banyak kedamaian dalam segala hal yang saya lakukan. Saya dapat memahami apa yang Tuhan coba tunjukkan kepada saya dalam kitab suci. Haleluya!

Roh Kudus Akan Membimbing & Menunjukkan Hal-hal yang Akan Datang

Alkitab juga mengatakan, "Tetapi apabila Ia datang, yaitu Roh Kebenaran, Ia akan memimpin kamu ke dalam seluruh kebenaran; sebab Ia tidak akan berkata-kata dari diri-Nya sendiri, tetapi segala sesuatu yang didengar-Nya itulah yang akan dikatakan-Nya dan Ia akan memberitakan kepadamu hal-hal yang akan datang. Ia akan memuliakan Aku, sebab Ia akan memberitakan kepadamu apa yang diterima-Nya dari pada-Ku." (Yohanes 16:13-14) Saya tidak dapat melihat Roh Kudus dengan mata jasmani saya, tetapi saya dapat merasakan dan mengetahui bahwa Dia ada di dalam hati saya. Dia biasa memperingatkan saya tentang kejadian-kejadian di masa depan. Dia juga berkomunikasi dengan saya melalui mimpi, penglihatan, dan penglihatan terbuka, serta melalui orang-orang seperti anda dan saya. Karena kehadiran-Nya, saya dapat dengan mudah memuji Tuhan dengan mulut dan hati saya. Biasanya, saya akan meminta Roh Kudus untuk membimbing saya sebelum memulai doa atau melakukan pekerjaan pelayanan. Dia tidak pernah mengecewakan saya. Setiap kali saya membiarkan Roh Kudus memimpin, saya dapat merasakan kehadiran kemuliaan Tuhan. Puji Tuhan!

Roh Kudus Memimpin dalam Doa Kepada Tuhan

Setiap kali saya berseru kepada Tuhan untuk meminta pertolongan, ayat-ayat-Nya akan muncul dalam pikiran dan hati saya dan menghibur saya. Saya tahu bahwa ini juga merupakan pekerjaan Roh Kudus. Ketika saya sakit, kecewa, atau tidak tahu apa yang harus saya doakan, saya dapat mengandalkan Roh Kudus. Roh Kudus membawa doa-doa kita kepada Allah. Dalam Roma 8:26, "Demikian juga Roh membantu kita dalam kelemahan kita; sebab kita tidak tahu, bagaimana sebenarnya harus berdoa; tetapi Roh sendiri berdoa untuk kita kepada Allah dengan keluhan-keluhan yang tidak terucapkan." Terima kasih, Roh Kudus.

Roh Kudus Menginsafkan Dunia

Ada tertulis dalam Yohanes 16:8, "Dan kalau Ia datang, Ia akan menginsafkan dunia akan dosa, kebenaran dan penghakiman." Sesungguhnya, saya bertobat dari dosa-dosa saya karena saya merasakan keinsafan akan dosa-dosa saya, yang menuntun saya untuk meminta pengampunan dari Tuhan. Alkitab berkata dalam 1 Yohanes 1:9, "Jika kita mengaku dosa kita, maka Ia adalah setia dan adil, sehingga Ia akan mengampuni segala dosa kita dan menyucikan kita dari segala kejahatan." Setelah meminta ampun kepada Tuhan, hati saya menjadi tenang kembali. Haleluya!

Roh Kudus Membawa Hadirat Allah

Kesaksian lain yang ingin saya bagikan adalah tentang hadirat Tuhan. Setiap kali saya dapat merasakan kehadiran Roh Tuhan, saya secara otomatis dapat menyanyikan Mazmur. Saya dapat menyanyikan musik di dalam hati saya untuk memuliakan Tuhan, menceritakan semua perbuatan ajaib yang telah Tuhan lakukan bagi anak-anak-Nya, dan menceritakan semua hal baik yang telah Dia lakukan bagi saya. Saya bahkan bisa menyanyikan doa kepada Tuhan. Luar biasa!!! Hal ini membawa kedamaian dan sukacita yang berlimpah dalam pikiran dan hati saya. Saya kagum dengan pekerjaan Roh Kudus dalam hidup saya. Saya tidak pernah tahu bahwa saya dapat memuliakan Tuhan dengan cara seperti ini. Terima kasih, Roh Kudus!

Kolose 3:16 menyatakan, "Hendaklah perkataan Kristus diam dengan segala kekayaannya di antara kamu, sehingga kamu dengan segala hikmat mengajar dan menegur seorang akan yang lain dan sambil menyanyikan mazmur, dan puji-pujian dan nyanyian rohani, kamu mengucap syukur kepada Allah di dalam hatimu."

Efesus 5:19 mengatakan, "Dan berkata-katalah seorang kepada yang lain dalam mazmur, kidung puji-pujian dan nyanyian rohani. Bernyanyi dan bersoraklah bagi Tuhan dengan segenap hati."

1 Tawarikh 16:9 menegaskan, "Bernyanyilah bagi-Nya, bermazmurlah bagi-Nya, percakapkanlah segala perbuatan-Nya yang ajaib!"

Mazmur 40:4 berkata, "Ia memberikan nyanyian baru dalam mulutku untuk memuji Allah kita. Banyak orang akan melihatnya dan menjadi takut, lalu percaya kepada Tuhan."

Korintus 14:15 menyatakan, "Apakah yang Jadi, apakah yang harus kubuat? Aku akan berdoa dengan rohku, tetapi aku akan berdoa juga dengan akal budiku; aku akan menyanyi dan memuji dengan rohku, tetapi aku akan menyanyi dan memuji juga dengan akal budiku."

Roh Kudus Adalah Sahabat Terbaik Kita

Roh Kudus adalah sahabat, penghibur, dan penasihat kita yang dapat dipercayai. Ketika anda hidup di dalam roh, roh berdoa di dalam diri anda; biarlah Dia sering berdoa di dalam diri anda sepanjang hari. Kadang-kadang, ketika saya sedang tidur, saya mendengar roh berdoa, dan doa itu terdengar sangat dalam di dalam hati saya. Saya tidak memiliki kata-kata untuk menjelaskan hal ini. Hal ini begitu bermakna, indah, dan menghibur. Ketika saya membiarkan Roh Kudus memimpin, doa-doa saya tidak akan sama setiap harinya. Alkitab berkata dalam Yohanes 4:24, "Allah itu Roh dan barangsiapa menyembah Dia, harus menyembah-Nya dalam roh dan kebenaran." Haleluya!

Jangan Mendukakan Roh Kudus

Ada suatu waktu ketika saya bermimpi tentang banyak merpati putih. Saya melihat mereka melalui jendela rumah saya. Mereka sepertinya mencoba masuk ke dalam rumah, tetapi jendela tertutup. Saya menceritakan kisah ini kepada salah satu teman saya, dan dia mengatakan kepada saya bahwa itu mungkin Roh Kudus, dan saya tidak membiarkan Dia masuk. Saya merasa bersalah. Saya bertobat, mulai berbicara dalam bahasa roh lagi, dan melihat banyak merpati putih di alam roh. Saya merasa sangat bersemangat untuk berdoa dan berdoa, dan saya merasakan kedamaian, kebahagiaan, dan sukacita di hadirat Tuhan. Yohanes memberi kesaksian dalam Yohanes 1:32, dengan mengatakan, "Aku telah melihat Roh turun dari langit seperti merpati, dan Ia tinggal di atas-Nya." Saya telah belajar untuk terus mempraktikkan karunia Roh Kudus. Kita tidak boleh menghentikan pekerjaan Roh Kudus dalam hidup kita. Ia sangat mengasihi kita. Ia ingin kita menjadi seperti Yesus. Ia ingin menyelamatkan kita. Biarkanlah Dia melakukan pekerjaan-Nya. Percayalah pada kepemimpinan Roh Kudus. Puji Tuhan Yesus Kristus!

Yesus Memberi Makan Ikan

Suatu hari, saya melihat Tuhan Yesus di tengah-tengah sungai yang panjang, memberi makan ikan-ikan di sekelilingnya. Airnya begitu bersih. Kemudian, Tuhan meminta saya untuk memberi makan ikan-ikan-Nya di satu tempat saja, dan saya menuruti kehendak-Nya. Biasanya, simbol ikan mengacu pada kepercayaan kita dalam agama Kristen. Orang-orang Kristen mula-mula menggunakan simbol ini untuk mengidentifikasi diri mereka sebagai pengikut Yesus Kristus. Saya percaya Tuhan meminta saya untuk memberi makan ikan-ikan-Nya dalam penglihatan ini karena Dia telah memberi saya pelayanan khusus untuk dilakukan, yaitu membagikan Injil Kristus, mimpi, penglihatan, dan wahyu yang dapat membangunkan saya dan orang lain di hari-hari terakhir ini. Terkadang, saya perlu menyampaikan pesan atau peringatan dari Tuhan. Haleluya!

Seekor Ikan Mati

Pada awal Januari 2023, saya menerima sebuah penglihatan di mana saya duduk bersama Yesus di dalam perahu. Kemudian, saya menarik jala dengan banyak ikan di dalamnya. Secara pribadi, saya percaya bahwa ikan-ikan dalam penglihatan ini merujuk kepada orang-orang yang beriman kepada Yesus. Tetapi saya merasa aneh karena saya melihat satu ikan mati. Kemudian, saya mendengar sebuah suara yang mengatakan bahwa ikan ini telah mati secara rohani. Ikan ini tidak berguna lagi kecuali dibuang. Kematian rohani adalah keterpisahan dari Tuhan, menghilangkan kemungkinan untuk hidup kekal bersama Tuhan di surga. Ini berarti bahwa seseorang hidup secara fisik tetapi mati secara rohani. Kematian rohani bermanifestasi sebagai kurangnya pemahaman rohani, kurangnya hasrat rohani, kurangnya kekuatan rohani, dan jiwa yang mati tanpa kapasitas untuk kenikmatan rohani. Penebusan dan ketaatan Yesus Kristus pada Injil-Nya dapat membantu mengatasi kematian rohani ini.

Saya percaya bahwa satu ikan mati sebelum masuk ke dalam perahu, merujuk kepada orang-orang Kristen, berdasarkan nama saja. Secara pribadi, saya percaya bahwa orang Kristen seperti ini tidak menganggap serius kepercayaan mereka akan keselamatan dari Tuhan, dan secara tidak langsung mereka menolak Tuhan. Mereka tidak memiliki kasih kepada Tuhan. Mereka hanya ingin hidup sesuai dengan kehendak mereka, memuaskan keinginan atau hawa nafsu mereka, dan hidup untuk dunia. Akhirnya, setelah mereka mati secara fisik, mereka akan mengakhiri hidup mereka dalam kekekalan di neraka, bersama dengan orang-orang yang tidak pernah menerima Yesus sebagai Tuhan dan Juruselamat. Sungguh menyedihkan! Oleh karena itu, orang-orang Kristen yang hanya hidup berdasarkan nama saja harus bertobat segera dan mengikuti ajaran Tuhan dengan sungguh-sungguh. Jangan menunggu sampai menit-menit terakhir! Pintu kasih karunia akan segera tutup! Tuhan Yesus akan segera datang!

Namun, situasinya berbeda dengan ikan-ikan yang masih hidup. Setelah saya menyimpan ikan-ikan yang masih hidup di dalam perahu, Yesus berkata kepada saya, "Aku akan menunjukkan jalan yang harus kamu tempuh," sambil menunjukkan tangan kanan-Nya, yang sepertinya menunjukkan ke mana perahu itu harus pergi. Kemudian saya melihat kata 'Keselamatan Kekal.' Setelah itu, perahu bergerak ke arah itu. Haleluya! Ketika Yesus menunjukkan tangan kanan-Nya kepada saya, saya mengerti bahwa Dia sedang mengarahkan jalan buat kita. Bagi mereka yang hidup secara rohani di dalam Kristus, kita harus selalu berjalan bersama-Nya, memiliki keyakinan kepada-Nya, dan menjadi pelaku firman. Mazmur 37:23-24 berkata, "Tuhan menetapkan langkah-langkah orang yang hidupnya berkenan kepada-Nya; apabila ia jatuh, tidaklah sampai tergeletak, sebab Tuhan menopang tangannya." Haleluya! Ketika saya melihat kata 'Keselamatan Kekal,' saya mengerti bahwa jika kita terus percaya kepada Tuhan dan mengikuti jalan-Nya, dengan kasih karunia Allah, kita akan mencapai tujuan akhir kita, yaitu bersama dengan Tuhan di dalam kerajaan-Nya. Haleluya!

Pohon dan Burung

Suatu hari, di alam roh, saya melihat banyak burung hitam tergeletak di dahan-dahan pohon. Tetapi kemudian saya melihat banyak merpati putih yang tergeletak di dahan-dahan pohon, dan burung-burung hitam itu tidak punya pilihan lain selain pergi dari sana. Saya mengerti bahwa pohon dengan banyak burung hitam melambangkan orang-orang yang masih hidup dalam kegelapan. Mereka mati secara rohani, dan terang Kristus tidak menyertai mereka. Mereka perlu mengenal Yesus sebelum terlambat. Tetapi ketika saya melihat banyak merpati putih datang ke pohon itu, itu adalah tentang kuasa Roh Kudus yang masuk ke dalam kehidupan seseorang. Kisah Para Rasul 2:38 menyatakan, Jawab Petrus kepada mereka: "Bertobatlah dan hendaklah kamu masing-masing memberi dirimu dibaptis dalam nama Yesus Kristus untuk pengampunan dosamu, maka kamu akan menerima karunia Roh Kudus." Ketika kuasa Roh Kudus masuk ke dalam hidup kita, roh jahat harus pergi. Mereka tidak punya pilihan lain. Yang jahat harus pergi. Kita, sebagai orang percaya, perlu dipenuhi dengan Roh Kudus. Kita harus menjalani kehidupan yang kudus, percaya, dan tunduk pada kepemimpinan Roh Kudus. Roh Kudus memerintahkan kita untuk berjalan di dalam Roh. Yesus mengusir setan dengan kuasa Roh Allah. (Matius 12:28) Haleluya!

Buah yang Baik Atau Buah yang Buruk?

Tuhan menolong saya untuk mengerti lebih banyak ketika Dia memberi saya mimpi ini: Saya melihat sebuah benih yang telah ditanam, bertumbuh, dan kemudian menjadi sebuah pohon yang besar. Saya melihat banyak daun yang keluar dari dahan-dahannya dan pohon itu menghasilkan buah. Saya memeriksa buahnya, yang dalam kondisi sangat baik, dan mengamati banyak burung yang hinggap di dahan-dahannya. Setelah beberapa saat, saya mendapatkan mimpi yang sama lagi, tetapi kali ini buahnya cukup buruk. Saya melihat banyak cacing di dalam buahnya, dan tidak berguna kecuali dibuang. Cabang-cabangnya telah ditebang, dan proses pemangkasan perlu dilakukan.

Moral dari mimpi ini dapat ditemukan dalam Matius 7:17-20: "Demikianlah setiap pohon yang baik menghasilkan buah yang baik, sedang pohon yang tidak baik menghasilkan buah yang tidak baik. Tidak mungkin pohon yang baik itu menghasilkan buah yang tidak baik, ataupun pohon yang tidak baik itu menghasilkan buah yang baik. Dan setiap pohon yang tidak menghasilkan buah yang baik, pasti ditebang dan dibuang ke dalam api. Jadi dari buahnyalah kamu akan mengenal mereka."

Sebuah pemikiran muncul di benak saya: jika pohon yang baik menghasilkan buah yang baik dan pohon yang tidak baik menghasilkan buah yang tidak baik, bagaimana dengan saya?

Apakah saya pohon yang baik atau pohon yang buruk? Jika saya terus hidup dalam dosa, dapatkah saya menganggap diri saya sebagai pohon yang baik dengan buah yang baik?

Saya mengerti bahwa saya harus bertobat dari dosa-dosa saya. Saya harus menolak setiap kejahatan dan dosa dan hidup hanya untuk Tuhan. Saya harus hidup berdasarkan Injil Kristus. Saat ini, ada banyak guru-guru palsu, gembala-gembala palsu, dan nabi-nabi palsu karena mereka menyangkal Yesus yang ada di dalam Alkitab. (2 Petrus 2:1-3) Mereka hanya berkhotbah untuk keuntungan pribadi mereka dan berdasarkan kepentingan anggota gereja. (2 Timotius 4:3) Mereka hanya mengejar ambisi egois mereka dan memuaskan keinginan jahat mereka. Mereka ingin menjadi glamor. Saya berdoa agar para pemimpin Kristen yang mengajarkan hal yang bertentangan dengan apa yang Yesus ajarkan kepada kita bertobat sebelum terlambat. Takutlah akan Tuhan, yang dapat membinasakan jiwa dan tubuh di dalam neraka. (Matius 10:28) Semoga Tuhan mengasihani kita semua.

Pohon dan Buahnya

Saya bermimpi lagi, dan ini tentang pohon dan buahnya. Pada awalnya, saya melihat bahwa buah dari pohon itu busuk dan harus dibuang. Kemudian saya melihat seekor burung merpati putih hinggap di dahannya. Setelah itu, komponen-komponen pohon perlu dipangkas. Kemudian saya melihat cabang-cabang baru, dan daun-daun baru mulai tumbuh. Pohon ini menghasilkan banyak buah, yang jauh lebih besar, lebih bagus, dan lebih enak. Kemudian saya melihat seorang petani dengan senang hati memetik buah-buah itu, menaruhnya di keranjang, dan mempersembahkannya kepada raja. Sang raja sangat senang. Akhirnya, saya melihat banyak burung datang dan hinggap di pohon itu. Suasananya sangat mengasyikan, dengan pemandangan matahari terbit yang indah. Haleluya! Dulu, saya sering mendengar dalam hati, "Engkau akan menghasilkan lebih banyak buah daripada yang engkau harapkan." Pada mulanya, saya tidak pernah tahu apa artinya. Tetapi saya mendapatkan beberapa petunjuk ketika saya membaca ayat-ayat dalam Yohanes 15:5, yang menyatakan, "Akulah pokok anggur dan kamulah ranting-rantingnya. Barangsiapa tinggal di dalam Aku dan Aku di dalam dia, ia berbuah banyak, sebab di luar Aku kamu tidak dapat berbuat apa-apa." Dan dalam Yohanes 15:8, dikatakan, "Dalam hal inilah Bapa-Ku dipermuliakan, yaitu jika kamu berbuah banyak dan dengan demikian kamu adalah murid-murid-Ku."

Galatia 5:22-23 dengan jelas menjelaskan, "Tetapi buah Roh ialah: kasih, sukacita, damai sejahtera, kesabaran, kemurahan, kebaikan, kesetiaan, kelemahlembutan, penguasaan diri. Tidak ada hukum yang menentang hal-hal itu." Sekarang, saya baru menyadari bahwa Allah ingin melihat buah-buah Roh dalam kehidupan anak-anak-Nya. Yesus memiliki semua buah Roh. Kita harus menjadi seperti Yesus. Kita harus memiliki karakter seperti Yesus. Kita harus rindu untuk memiliki semua buah Roh Kudus dalam hidup kita. Saya percaya, mimpi ini ada hubungannya dengan saya. Sebelumnya saya hidup dalam kegelapan, tanpa tujuan dan kekosongan. Situasi saya telah berubah karena kehadiran Roh Kudus. Saya melihat diri saya mengalami proses pemangkasan-pembersihan, dan sekarang hidup saya berbuah dan berkembang bersama Tuhan. Saya mengerti bahwa ini adalah salah satu cara Tuhan untuk terus memperbaharui atau memelihara manusia baru. Dan sekarang saya dapat merasakan damai sejahtera, kasih, sukacita, dan kebahagiaan dari Tuhan. Saya mulai memiliki kesabaran dan pengendalian diri dalam hidup. Haleluya! Segala kemuliaan bagi Tuhan kita Yesus Kristus!

Apel

Ada suatu waktu ketika musuh mencobai saya di alam roh. Saya melihat sebiji buah, seperti apel, dilemparkan ke depan saya. Saya melihat ada bekas gigitan kecil ketika saya melihat lebih dekat pada buah itu. Saya mulai mengerti apa yang musuh coba tunjukkan kepada saya adalah tentang dosa-dosa nenek moyang kita, Adam dan Hawa. Musuh berusaha meyakinkan saya tentang dosa-dosa asal yang berhubungan dengan saya. Kadang-kadang, musuh melemahkan iman saya dengan mengingatkan saya akan dosa-dosa saya di masa lalu.

Pertanyaan saya adalah ini: Apa yang akan anda lakukan jika anda menghadapi situasi seperti ini? Bagaimana anda akan menyerang balik pekerjaan musuh? Oleh karena itu, sangat penting untuk membaca, mempelajari, merenungkan, memahami, dan menerapkan Firman Tuhan untuk mencegah tipu daya musuh di masa depan. Kita harus menggunakan Firman Tuhan dan berbicara dengan keyakinan bahwa kita telah ditebus dari segala kutukan turun-temurun dan dari segala dosa nenek moyang kita melalui darah Yesus. Ketika kita bertobat dari dosa-dosa kita, Allah tidak lagi mengingat dosa-dosa kita. (Yeremia 31:34, Ibrani 8:12) Jika iblis terus mengingatkan anda tentang dosa-dosa masa lalu anda, anda mengingatkannya tentang masa depannya.

Alkitab mengatakan bahwa Iblis akan dibinasakan selamanya. Wahyu 20:7-10 menyatakan, "Dan setelah masa seribu tahun itu berakhir, Iblis akan dilepaskan dari penjaranya, dan ia akan pergi menyesatkan bangsa-bangsa pada keempat penjuru bumi, yaitu Gog dan Magog, dan mengumpulkan mereka untuk berperang dan jumlah mereka sama dengan banyaknya pasir di laut. Maka naiklah mereka ke seluruh dataran bumi, lalu mengepung perkemahan tentara orang-orang kudus dan kota yang dikasihi itu. Tetapi dari langit turunlah api menghanguskan mereka, dan Iblis, yang menyesatkan mereka, dilemparkan ke dalam lautan api dan belerang, yaitu tempat binatang dan nabi palsu itu, dan mereka disiksa siang malam sampai selama-lamanya." Haleluya! Segala kemuliaan bagi Tuhan kita Yesus Kristus!

Perumpamaan Tentang Seorang Penabur

Ada tertulis dalam Matius 13:18-23, "Karena itu, dengarlah arti perumpamaan penabur itu. Kepada setiap orang yang mendengar firman tentang Kerajaan Sorga, tetapi tidak mengertinya, datanglah si jahat dan merampas yang ditaburkan dalam hati orang itu; itulah benih yang ditaburkan di pinggir jalan. Benih yang ditaburkan di tanah yang berbatu-batu ialah orang yang mendengar firman itu dan segera menerimanya dengan gembira. Tetapi ia tidak berakar dan tahan sebentar saja. Apabila datang penindasan atau penganiayaan karena firman itu, orang itu pun segera murtad. Yang ditaburkan di tengah semak duri ialah orang yang mendengar firman itu, lalu kekuatiran dunia ini dan tipu daya kekayaan menghimpit firman itu sehingga tidak berbuah. Yang ditaburkan di tanah yang baik ialah orang yang mendengar firman itu dan mengerti, dan karena itu ia berbuah, ada yang seratus kali lipat, ada yang enam puluh kali lipat, ada yang tiga puluh kali lipat.

Perumpamaan ini membuat saya menilai bagaimana saya hidup sejak saya masih kecil. Ketika saya masih kecil, saya mendengar Firman Tuhan di gereja, tetapi saya tidak dapat memahaminya. Hal ini mengingatkan saya bahwa benih yang ditaburkan di pinggir jalan yang melambangkan mereka yang mendengar firman tentang kerajaan Sorga tetapi tidak mengertinya, datanglah si jahat dan merampas benih yang ditaburkan di dalam hati orang itu. (Matius 13:19)

Ketika saya menjalani kehidupan remaja saya, saya sangat senang dan bangga disebut sebagai seorang Kristen, tetapi ketika saya menghadapi masalah dalam hidup, iman saya menurun. Saya mulai mencari cara untuk menyelesaikan masalah saya dan bukannya mempercayai Tuhan. Alasan lainnya adalah kerana kekurangan pengetahuan yang betul tentang Firman Tuhan. Matius 13:20-21 mengingatkan kita bahwa benih yang ditaburkan di tanah yang berbatu-batu melambangkan orang yang mendengar firman itu dan segera menerimanya dengan gembira. Tetapi ia tidak berakar dan tahan sebentar saja. Apabila datang penindasan atau penganiayaan kerana firman itu, orang itu pun segera murtad.

Setelah saya menikah, saya mulai membaca dan mendengar Firman Tuhan, tetapi karena saya memiliki terlalu banyak kekhawatiran dalam hidup ini dan ingin hidup sukses seperti orang lain, saya terus jatuh lagi. Saya tidak mengubah cara hidup saya yang lama. Matius 13:22 mengatakan bahwa benih yang ditaburkan di tengah semak duri melambangkan orang yang mendengar firman itu, lalu kekuatiran dunia ini dan tipu daya kekayaan menghimpit firman itu sehingga tidak berbuah.

Matius 13:23 menceritakan tentang benih yang ditaburkan di tanah yang baik ialah orang yang mendengar firman itu dan mengerti, dan karena itu ia berbuah, ada yang seratus kali lipat, ada yang enam puluh kali lipat, ada yang tiga puluh kali lipat.

Haleluya! Dan sekarang, dengan pertolongan Roh Kudus, saya mencoba yang terbaik untuk membaca Firman Tuhan secara teratur dan belajar untuk menjadi pelaku Firman Tuhan juga.

Saya masih ingat pengalaman pertama saya ketika saya

dibimbing oleh Roh Kudus untuk mencetak ayat-ayat Alkitab sebanyak mungkin, menempelkannya di sekeliling kamar tidur saya, dan merenungkannya. Dari sana, saya mendapatkan pemahaman tentang apa yang saya baca dan renungkan, dan kesukaan saya untuk membaca Firman Tuhan meningkat sejak saat itu. Haleluya!

Sekarang saya menyadari bahwa kemampuan kita untuk menerima Firman Tuhan bergantung pada kondisi hati kita. Amsal 4:23 berkata, "Jagalah hatimu dengan segala kewaspadaan, karena dari situlah terpancar kehidupan." Oleh karena itu, kita harus terus bekerja dengan Roh Kudus untuk memastikan hati kita benar di hadapan Tuhan. Roh Kudus memiliki kuasa untuk mengubah kita dan menjadikan kita pribadi yang lebih baik dalam hidup. Haleluya! Semua untuk kemuliaan Tuhan kita Yesus Kristus! Haleluya!

Ujilah Dengan Firman Tuhan

Ada banyak penipuan yang terjadi di dunia saat ini, dan kita harus sangat berhati-hati. Jangan cepat percaya begitu saja pada semua yang dikatakan orang. 1 Yohanes 4:1 mengajarkan, "Saudara-saudaraku yang kekasih, janganlah percaya akan setiap roh, tetapi ujilah roh-roh itu, apakah mereka berasal dari Allah; sebab banyak nabi-nabi palsu yang telah muncul dan pergi ke seluruh dunia." Kita harus menguji atau memeriksa mimpi, penglihatan, atau wahyu yang kita terima dengan Firman Tuhan. Segala tulisan yang diilhamkan Allah memang bermanfaat untuk mengajar, untuk menyatakan kesalahan, untuk memperbaiki kelakuan dan untuk mendidik orang dalam kebenaran. (2 Timotius 3:16) Juga tertulis dalam 1 Tesalonika 5:21-22, "Ujilah segala sesuatu dan peganglah yang baik. Jauhkanlah dirimu dari segala jenis kejahatan." Haleluya! Saya mulai memahami keselamatan dari Tuhan dalam hidup saya setelah membaca Firman Tuhan. Saya mulai menaruh iman saya kepada Tuhan dengan serius dan berjalan bersama-Nya dengan penuh keyakinan. Dalam setiap aspek kehidupan, saya mulai mencari hikmat dan kebijaksanaan Tuhan. Sebagai contoh, jika saya terdorong untuk menonton adegan seksual di media sosial atau mengingat gambar seksi apa pun yang muncul dalam pikiran saya, Roh Kudus akan mengingatkan saya akan firman ini: "Janganlah sedikit pun percabulan ditemukan di dalam dirimu." Jika Anda seorang pembaca Alkitab, Anda akan tahu bahwa kata ini hampir mirip dan berhubungan dengan ayat dalam Efesus 5:3, yang menyatakan, "Tetapi percabulan dan rupa-rupa kecemaran atau keserakahan disebut saja pun jangan di antara kamu, sebagaimana sepatutnya bagi orang-orang kudus." Saya mengerti bahwa dengan berfokus pada firman Tuhan dan percaya pada kepemimpinan Roh Kudus memberi saya kekuatan untuk mengatakan 'TIDAK' pada kejahatan dan dosa. Imajinasi itu hilang dari saya. Saya sangat bersyukur kepada Tuhan yang telah memberikan Kitab Suci (Alkitab) untuk membimbing saya. Mazmur 119:105 menyatakan, "Firman-Mu itu pelita bagi kakiku dan terang bagi jalanku." Haleluya! Segala kemuliaan bagi Tuhan Yesus Kristus!

Kitab Wahyu

Beberapa tahun yang lalu, saya menerima sebuah penglihatan di mana Tuhan Yesus meminta saya untuk duduk di sebuah kursi, dan ada sebuah Alkitab di atas meja di depan saya. Dia meminta saya untuk membuka Alkitab dan membiarkan saya membalik-balik halamannya hingga sampai pada Kitab Wahyu. Dia menunjuk jari-Nya ke Kitab Wahyu dan berkata kepada saya, "Sekarang saatnya untuk membaca Kitab Wahyu." Banyak orang Kristen tidak membaca Kitab Wahyu karena mereka mengatakan bahwa kitab ini terlalu menakutkan dan terlalu sulit untuk difahami. Mereka tidak tahu bahwa Kitab Wahyu tidak hanya membahas tentang penghakiman, tetapi juga tentang berkat dan janji-janji Allah bagi anak-anak-Nya dan tentang peristiwa-peristiwa yang akan terjadi di masa depan. Kita harus membaca Kitab Wahyu karena akhir zaman sudah dekat. Kita harus mengetahui apa yang akan terjadi sehingga kita dapat memperingatkan orang lain untuk bertobat dan mempersiapkan diri. Ada tertulis dalam Wahyu 1:3, "Berbahagialah ia yang membacakan dan mereka yang mendengarkan kata-kata nubuat ini, dan yang menuruti apa yang ada tertulis di dalamnya, sebab waktunya sudah dekat." Haleluya! Puji Tuhan Yesus Kristus!

Dua Sumber Tenaga

Jika kita sungguh-sungguh ingin melihat terobosan besar dalam hidup, kita harus sepenuhnya bergantung pada Tuhan. Kita tidak bisa berjuang sendirian. Kita membutuhkan Tuhan untuk berperang demi kita. Kita mengandalkan kekuatan-Nya. Tanpa Dia, kita tidak dapat melakukan apa pun. Alkitab mengatakan bahwa Tuhan itu pahlawan perang. (Keluaran 15:3) Dia akan berperang dalam semua peperangan kita. Tuhan akan mengarahkan kita dan memberikan kekuatan yang kita butuhkan. Dan dua sumber kekuatan yang kita butuhkan ketika kita terlibat dalam peperangan rohani adalah Roh Kudus dan Firman Tuhan. Iman kita akan bertambah ketika kita mengakui Firman Tuhan. Kita bergantung pada firman dan Roh-Nya. Haleluya!

Yesus di Jembatan Jalan Raya yang Panjang

Suatu pagi, saya terkejut menerima sebuah penglihatan tentang Tuhan Yesus yang berdiri bersama saya di awal jembatan jalan raya yang panjang. Ketika kami berdua melihat ke arah jembatan jalan raya, Tuhan Yesus memandang saya dan berkata, "Aku menyertai engkau dari awal dan Aku akan menyertai engkau sampai akhir. Apakah engkau pikir Aku akan meninggalkanmu di tengah jalan?" Sungguh, penglihatan ini membangkitkan semangat saya dan memberi saya harapan. Ulangan 31:8 menyatakan, "Sebab TUHAN, Dia sendiri akan berjalan di depanmu, Dia sendiri akan menyertai engkau, Dia tidak akan membiarkan engkau dan tidak akan meninggalkan engkau; janganlah takut dan janganlah patah hati." Yesus berkata, "Aku tidak akan meninggalkan kamu sebagai yatim piatu. Aku datang kembali kepadamu." (Yohanes 14:18). Aku menyertai kamu senantiasa sampai kepada akhir zaman. (Matius 28:20) Amsal 3:5-6 mengajarkan, "Percayalah kepada Tuhan dengan segenap hatimu, dan janganlah bersandar kepada pengertianmu sendiri. Akuilah Dia dalam segala lakumu, maka Ia akan meluruskan jalanmu." Haleluya!

Saya percaya bahwa visi ini adalah untuk anda dan saya. Perjalanan rohani kita dengan Tuhan dimulai ketika kita menerima Yesus sebagai Tuhan dan Juruselamat. Jika anda percaya kepada Kristus Yesus, anda akan menyadari bahwa

Tuhan telah menolong anda selama ini dalam situasi apa pun. Banyak orang Kristen yang mengira bahwa Tuhan telah meninggalkan mereka di tengah-tengah krisis mereka. Akibatnya, mereka melepaskan iman mereka. Mereka gagal untuk mengingat bahwa Yesus telah mati di kayu salib untuk mereka. Mereka tidak memiliki hikmat dan pengertian karena mereka tidak memintanya. Mereka tidak memiliki kesabaran untuk menunggu Tuhan menolong mereka. Alkitab mengajarkan kita untuk berdiam diri di hadapan Tuhan dan menantikan Dia dengan sabar. (Mazmur 37:7) Sungguh, Tuhan akan menolong kita, tidak peduli seberapa besar badai itu. Jika anda memberi Dia kesempatan untuk memimpin, Dia akan bekerja dalam hidup anda sesuai dengan iman anda.

Saya melihat bahwa bagian terakhir untuk mencapai jembatan jalan raya tidaklah mudah. Badai angin kencang terus menghantam jembatan, membuat perjalanan menjadi sulit. Tetapi kita tidak perlu terlalu khawatir tentang bagaimana melewati badai dalam hidup kita. Tuhan pada akhirnya akan menolong kita untuk menyelesaikan perlombaan. Dia akan mengurusnya. Sebab jika kita hidup, kita hidup untuk Tuhan, dan jika kita mati, kita mati untuk Tuhan. Jadi baik hidup atau mati, kita adalah milik Tuhan. (Roma 14:8) Haleluya!

Bintang Betlehem

Gunung Tinggi adalah salah satu mimpi paling luar biasa yang tidak akan pernah saya lupakan. Pada awalnya, saya melihat diri saya berdiri di puncak gunung. Pemandangannya begitu indah, dan saya bisa melihat awan tepat di depan mata saya. Hati saya merasakan kedamaian yang luar biasa saat berdiri di puncak gunung. Ketika saya terus memandang awan, sebuah bintang seperti Betlehem muncul dan bersinar terang di seluruh tempat. Saya terbangun dari mimpi itu sambil tersenyum. Sejauh yang saya tahu, bintang Betlehem menuntun tiga orang Majus, atau orang majus, ke tempat kelahiran Yesus. (Matius 2:1-2) Bintang tersebut mengingatkan kita akan kelahiran, kerajaan, dan sifat ilahi Yesus. Saya mengerti bahwa Tuhan menciptakan matahari, bulan, dan bintang untuk menjadi tanda dan musim.

Setelah membaca Perjanjian Baru (Alkitab), saya mengalami mimpi yang sama lagi tentang bintang Betlehem. Saya melihat bintang itu datang langsung ke dahi saya, dan saya mulai memuji Tuhan terus menerus. Setelah beberapa waktu, saya mengerti bahwa saya telah menerima karunia berbahasa roh. Saya sangat bersyukur kepada Tuhan atas karunia yang sangat berharga ini. Ia sangat berarti bagi saya. Puji Tuhan Yesus Kristus!

Tergantung di Tepi Gunung

Anehnya, saya mengalami mimpi yang sama tentang gunung yang tinggi ini untuk kedua kalinya, tetapi kali ini saya bergantungan di tepi gunung. Saya merasa ngeri melihat lautan api di dasarnya, namun apa pun yang saya coba, saya tetap tidak dapat mendaki ke puncak gunung. Begitu saya terbangun, saya dapat merasakan jantung saya berdegup kencang. Saya seperti bola yang hilang di tengah rumput liar. Saya tidak tahu apa yang terjadi pada saya.

Setelah beberapa waktu, saya mengerti mengapa saya tergantung di tepi gunung. Itu karena saya belum sungguh-sungguh bertobat dari dosa-dosa saya. Saya belum sepenuhnya menyerahkan seluruh hidup saya kepada Tuhan. Ya, saya memang mengasihi Yesus dan berdoa kepada-Nya, tetapi saya juga harus berhenti berbuat dosa. Paulus berkata dalam Roma 6:12, "Sebab itu hendaklah dosa jangan berkuasa lagi di dalam tubuhmu yang fana, supaya kamu jangan lagi menuruti keinginannya."

Seiring bertambahnya usia, keinginan mata, keinginan daging, keinginan dunia, dan kesombongan hidup telah membutakan dan mengeraskan hati saya, sehingga menimbulkan banyak masalah dalam hidup saya. Tetapi saya bersyukur kepada Tuhan atas kasih karunia dan kasih yang Dia tunjukkan kepada saya melalui Anak-Nya, Yesus. Tuhan membebaskan saya dari segala kejahatan dan dosa. Dia membimbing saya terus menerus, dan saya sangat bersyukur kepada Tuhan atas belas kasihan-Nya. Haleluya!

Saya juga sampai pada pemahaman bahwa ketika saya mencoba mendaki ke puncak gunung dengan menggunakan kekuatan fisik saya sendiri, saya sedang mencoba untuk mengusahakan keselamatan saya sendiri. Saya berpikir bahwa berbuat baik saja sudah cukup untuk masuk ke dalam kerajaan surga. Saya mencoba melakukan ini dan itu untuk melarikan diri dari lautan api. Pada saat itu saya tidak mengerti bahwa hanya Allah yang dapat menyelamatkan saya. Dia sangat mengasihi saya dan ingin memiliki hubungan dengan saya. Kristus datang dalam mimpi saya dan memberikan banyak penglihatan untuk mempunyai hubungan dengan saya, tetapi saya tidak dapat memahaminya. Saya mengabaikan ayat dalam Efesus 2:8-10, yang tertulis, "Sebab karena kasih karunia kamu diselamatkan oleh iman; itu bukan hasil usahamu, tetapi pemberian Allah, itu bukan hasil pekerjaanmu: jangan ada orang yang memegahkan diri. Karena kita ini buatan Allah, diciptakan dalam Kristus Yesus untuk melakukan pekerjaan baik, yang dipersiapkan Allah sebelumnya. Ia mau, supaya kita hidup di dalamnya.

Ada juga tertulis dalam 2 Korintus 12:9: "Tetapi jawab Tuhan kepadaku: "Cukuplah kasih karunia-Ku bagimu, sebab justru dalam kelemahanlah kuasa-Ku menjadi sempurna." Sebab itu terlebih suka aku bermegah atas kelemahanku, supaya kuasa Kristus turun menaungi aku." Berdasarkan ayat-ayat ini, saya mengerti bahwa saya harus menyerahkan segala sesuatu ke dalam tangan Tuhan. "Ia telah melepaskan kita dari kuasa kegelapan dan memindahkan kita ke dalam Kerajaan Anak-Nya yang kekasih." (Kolose 1:13) Barangsiapa percaya kepada-Nya, ia tidak akan dihukum; barangsiapa tidak percaya, ia telah berada di bawah hukuman, sebab ia tidak percaya dalam nama Anak Tunggal Allah. (Yohanes 3:18) Filipi 2:9-11 menyatakan, "Itulah sebabnya Allah sangat meninggikan Dia dan mengaruniakan kepada-Nya nama di atas segala nama, supaya dalam nama Yesus bertekuk lutut segala yang ada di langit dan yang ada di atas bumi dan yang ada di bawah bumi, dan segala lidah mengaku: "Yesus Kristus adalah Tuhan," bagi kemuliaan Allah, Bapa!" Dan keselamatan tidak ada di dalam siapa pun juga selain di dalam Dia, sebab di bawah kolong langit ini tidak ada nama lain yang diberikan kepada manusia yang olehnya kita dapat diselamatkan. (Kisah Para Rasul 4:12) Yesus berkata, "Akulah jalan dan kebenaran dan hidup. Tidak ada seorang pun yang datang kepada Bapa, kalau tidak melalui Aku." (Yohanes 14:6) Kita dapat bersandar kepada Yesus karena Dia adalah Tuhan dan Juruselamat pribadi kita. Dia memegang segala kuasa dan otoritas. Dia telah mengalahkan dosa dan maut. Haleluya!

Kamu Tidak Boleh Berada di Sini

Saya bekerja sebagai petugas penegak hukum untuk salah satu badan pemerintah di distrik lain ketika saya berusia dua puluh delapan tahun. Saya mulai menjalin hubungan dengan teman-teman yang tidak baik. Hal ini membuat saya mengembangkan kehidupan sosial, menjadi kecanduan alkohol dan rokok, dan menjadi tidak puas dengan kehidupan saya saat itu. Saya juga mulai berlatih yoga, tai chi, ilmu sihir untuk perlindungan diri, dan menyembah berhala. Saya biasa menghabiskan malam saya di pub setiap minggu, dan kebiasaan saya minum alkohol menjadi sangat ekstrem sehingga saya tidak bisa berhenti. Akhirnya, saya menyerah dan berseru kepada Yesus. Saya bermimpi tentang banyak orang yang berjalan di sepanjang jembatan yang panjang dan lebar. Saya berjalan bersama mereka, dan kemudian saya melihat seorang malaikat yang gagah perkasa memegang pedang panjang, memanggil saya untuk maju ke depan untuk menemuinya. Ketika saya berdiri di hadapannya, dia berkata kepada saya, "Matthew, kamu tidak boleh berada di sini. Kembali." Dengan segera, saya berada di dalam tubuh saya, terbangun, dan sebuah kesadaran besar akan dosa muncul di hati saya.

Alkitab memperingatkan kita dalam Efesus 5:18, "Dan janganlah kamu mabuk oleh anggur, karena anggur menimbulkan hawa nafsu, tetapi hendaklah kamu penuh dengan Roh." Dalam hidup, kita perlu memiliki pengendalian diri. Kita, sebagai orang Kristen, harus hidup dengan benar di hadapan Tuhan. Kita harus menjauhkan diri dari segala jenis kejahatan, seperti yang tertulis dalam 1 Tesalonika 5:22.

Tuhan Akan Memberi Kita Kekuatan

Tuhan adalah benteng hidupku. (Mazmur 27:1) Dia adalah perisai bagi orang-orang yang berlindung pada-Nya. (Amsal 30:5) Dia akan memberikan kekuatan yang kita butuhkan untuk mengatasi kelemahan kita. Kita bahkan dapat menghindari kecanduan, kejahatan, dan dosa ketika kita terus memandang kepada Yesus dan berjalan bersama-Nya melalui kuasa Roh Kudus. Saya masih ingat ketika saya memilih untuk berhenti merokok. Saya sangat mengidam untuk merokok sehingga saya membeli sebatang rokok dan memasukkannya ke dalam mulut saya. Namun, saya berseru kepada Tuhan untuk meminta pertolongan karena hati saya tidak dapat menerimanya. Akhirnya, saya mendapatkan kekuatan untuk membuang rokok itu ke dalam tong sampah. Haleluya! Segala perkara dapat kutanggung di dalam Dia yang memberi kekuatan kepadaku. (Filipi 4:13) Saya percaya bahwa melalui kuasa Roh Kuduslah saya dapat menghentikan kebiasaan atau tabiat merokok saya. Seperti yang dinyatakan dalam Zakharia 4:6, Maka berbicaralah ia, katanya: "Inilah firman Tuhan kepada Zerubabel bunyinya: Bukan dengan keperkasaan dan bukan dengan kekuatan, melainkan dengan roh-Ku, firman Tuhan semesta alam." Haleluya! Segala kemuliaan bagi Tuhan!

Akhir Zaman Sudah Dekat

Di alam roh, saya melihat bahwa waktu yang kita hidup sekarang hampir pukul 12. Yesus memberikan perumpamaan tentang pohon ara (Lukas 13:6-9), dan berdasarkan hal-hal yang terjadi di dunia saat ini, kita tahu bahwa akhir zaman sudah dekat. Siapa pun yang belum bertobat dari dosa-dosa mereka, mohon segera bertobat sebelum pintu kasih karunia tertutup. Di masa lalu, kita semua hidup dalam kehidupan yang penuh dosa, hidup dalam perbudakan, dan menjadi budak Iblis, tetapi setelah kita menerima keselamatan dari Allah melalui Kristus Yesus, kita menjadi manusia baru di dalam Kristus. Alkitab mengatakan bahwa siapa yang ada di dalam Kristus, ia adalah ciptaan baru: yang lama sudah berlalu, sesungguhnya yang baru sudah datang. (2 Korintus 5:17) Kita bukan lagi hamba Iblis, tetapi sekarang kita adalah hamba Kristus. Kita memiliki tuan yang baru, dan Dia adalah Tuhan kita Yesus Kristus. Kita memiliki kemerdekaan di dalam Kristus. Kita tidak lagi berada di bawah kutukan, dosa, maut, atau penghakiman, tetapi kita berada di bawah Kristus. Kita harus mengikuti jalan tuan kita.

Pengadilan: Advokat, Penuntut Umum, Hakim

Saya pernah bermimpi di mana saya melihat diri saya berada di pengadilan. Sejujurnya, saya tidak tahu di mana pengadilan itu. Namun, saya melihat Yesus sebagai pembela saya dan iblis sebagai penganiaya saya. Yesus telah melakukan yang terbaik untuk membebaskan saya dari semua tuduhan dan penganiayaan. Namun saya terkejut mendapati diri saya masih memegang tangan penganiaya saya. Saya tidak tahu mengapa saya melakukan hal itu, tetapi sekarang saya tahu. Kita, sebagai orang Kristen, tidak dapat memiliki Allah dan pada saat yang sama memuaskan hawa nafsu atau keinginan kita dan hidup untuk dunia. Kita tidak bisa makan baik dari meja Tuhan maupun meja setan. Siapa pun yang mengambil bagian dalam dunia adalah musuh Allah. Kita harus memilih. Saya sarankan anda memilih Yesus karena Dia dapat memberi anda hidup yang kekal.

1 Yohanes 2:1 menyatakan, "Anak-anakku, hal-hal ini kutuliskan kepada kamu, supaya kamu jangan berbuat dosa, namun jika seorang berbuat dosa, kita mempunyai seorang pengantara pada Bapa, yaitu Yesus Kristus, yang adil." Berdasarkan ayat ini, saya memahami bahwa Yesus Kristus adalah pembela kita yang menjadi pengantara kita di hadapan Bapa. Dia adalah perwakilan hukum kita di hadapan Allah. Dan sebagai wakil sah kita, pekerjaan-Nya diperhitungkan

sebagai pekerjaan kita, dan kematian-Nya diperhitungkan sebagai kematian kita. Yesus mati menggantikan kita untuk membayar hukuman atas dosa-dosa kita. Dan kemudian, pada hari ketiga, Dia bangkit dari kubur, mengalahkan dosa dan maut. Haleluya! Yesus menebus kita dari murka Allah. Melalui darah-Nya, Dia membeli penebusan kita dengan harga yang lebih tinggi.

1 Petrus 1:18-20 menyatakan:

18 Sebab kamu tahu, bahwa kamu telah ditebus dari cara hidupmu yang sia-sia yang kamu warisi dari nenek moyangmu itu bukan dengan barang yang fana, bukan pula dengan perak atau emas, 19 melainkan dengan darah yang mahal, yaitu darah Kristus yang sama seperti darah anak domba yang tak bernoda dan tak bercacat.20 Ia telah dipilih sebelum dunia dijadikan, tetapi baru dinyatakan pada waktu-waktu terakhir ini oleh karena kamu. Ia telah dipilih sebelum dunia dijadikan, tetapi – karena kamu – Ia baru menyatakan diri-Nya pada zaman akhir. Sejak Yesus mati untuk dosa-dosa kita, hidup kita bukan milik kita lagi. Hidup kita adalah milik-Nya. Ada tertulis dalam Galatia 2:20, "Namun aku hidup, tetapi bukan lagi aku sendiri yang hidup, melainkan Kristus yang hidup di dalam aku. Dan hidupku yang kuhidupi sekarang di dalam daging, adalah hidup oleh iman dalam Anak Allah yang telah mengasihi aku dan menyerahkan diri-Nya untuk aku." Oleh itu, kita harus hidup hanya untuk Tuhan dan menghormati Dia dengan tubuh kita. Kita harus berpikir secara berbeda. Kita harus menjadi pelaku Firman Allah. Kita harus melepaskan tangan penganiaya kita, memegang tangan Juruselamat kita Yesus, dan berjalan bersama dengan-Nya.

Menurut Alkitab, Yesus juga memiliki gelar sebagai hakim. Dia telah diberi segala kuasa dan otoritas. Kita diberitahu dalam 2 Timotius 4:1 bahwa Tuhan Yesus Kristuslah yang akan menghakimi orang yang hidup dan yang mati pada waktu kedatangan-Nya dan kerajaan-Nya. Roma 14:10 menegaskan bahwa kita semua harus menghadap takhta pengadilan Allah. Sebagai orang yang percaya kepada Kristus, kita harus menyerahkan seluruh hidup kita kepada Tuhan, percaya kepada anugerah dan kasih-Nya, melatih iman kita, dan mempertahankan iman yang baik kepada-Nya sampai akhir. TUHAN menetapkan langkah-langkah orang yang hidupnya berkenan kepada-Nya; apabila ia jatuh, tidaklah sampai tergeletak, sebab Tuhan menopang tangannya. (Mazmur 37:23-24) Haleluya! Segala kemuliaan bagi Tuhan kita Yesus Kristus!

Allah Adalah Api Yang Menghanguskan

Ketika saya berusia dua puluh empat tahun, saya hidup sebagai seorang Kristen yang gagal. Saya telah memberi jalan upaya kepada musuh untuk menindas saya. Musuh bekerja melalui dosa-dosa yang telah saya lakukan. Alkitab memperingatkan kita dalam Efesus 5:3, "Tetapi percabulan dan rupa-rupa kecemaran atau keserakahan disebut saja pun jangan di antara kamu, sebagaimana sepatutnya bagi orang-orang kudus." Kalau saya tahu tentang ayat ini sebelumnya sebagai peringatan, saya tidak akan melakukan apa pun yang bertentangan dengan kitab suci. Sayangnya, saya bukanlah seorang pembaca Alkitab yang baik sebelumnya.

Akibatnya, saya kalah dalam pertempuran rohani tersebut, tetapi saya bersyukur kepada Tuhan karena telah membebaskan saya dari semua pekerjaan musuh. Saya masih ingat ketika beberapa pemimpin Kristen datang dan mendoakan saya, saya tidak bisa menggerakkan tubuh saya. Saya hanya memejamkan mata dan menyerahkan semuanya ke dalam tangan Tuhan. Pada saat itu air mata keluar dari mata saya, dan saat itulah saya melihat wajah kemurkaan Tuhan Yesus Kristus, dikelilingi oleh api yang berkobar-kobar yang datang ke arah saya. Saya bahkan tidak tahu bahwa adegan ini terjadi di alam roh pada saat itu. Semakin dekat Yesus datang kepada saya, semakin terang api itu. Saya pikir api Tuhan akan membakar saya sepenuhnya, dan saya berteriak, tidak pasti apakah itu terjadi di alam fisik atau di alam roh, tetapi kemudian saya melihat dua bayangan lolos dari saya. Ketika saya membuka mata, saya melihat tangan dan kaki saya diposisikan persis seperti saya disalibkan di kayu salib sementara saya tetap berada di atas lantai. Pada saat itu, saya benar-benar merasa terbebas dari segala serangan musuh.

Saya terkejut ketika mengetahui Firman Tuhan, terutama ayat dalam Ibrani 12:29, "Sebab Allah kita adalah api yang menghanguskan." Saya benar-benar melihat wajah Tuhan Yesus yang dikelilingi oleh nyalaan api yang datang ke arah saya dan membuat semua musuh saya gemetar ketakutan dan melarikan diri dari saya. Saya bangkit sebagai saksi atas fakta bahwa Yesus adalah Tuhan yang benar-benar hidup yang datang dalam daging untuk menyelamatkan umat manusia. Hari ini, saya dapat mengatakan dengan penuh keyakinan bahwa Yesus adalah Tuhan dan Juruselamat pribadi saya. Terima kasih, Tuhan, karena telah melepaskan api-Mu dan membakar pekerjaan kegelapan dalam hidupku. Terima kasih, Tuhan, karena telah mengusir semua musuhku dengan api-Mu. Biarlah api-Mu melindungi dan menutupiku. Biarlah terang-Mu menjadi api, dan Yang Mahakudus menyala-nyala dan membakar penghalang dan duri dalam hidupku. Saya berterima kasih kepada-Mu, Yesus. Saya memuji Engkau, Yesus. Saya berterima kasih kepada-Mu, Tuhan, karena telah menyelamatkan jiwaku.

Kembalilah Kepada-Ku, Matthew

Ada suatu waktu ketika saya tersesat dalam perjalanan, melayani berhala-berhala, ketika saya mendengar suara berkata, "Kembalilah kepada-Ku, Matthew." Saya sedang berbicara dengan seseorang yang berbicara di hati saya, tetapi saya tidak tahu dengan siapa saya berkomunikasi. Namun, herannya, saya membalas suara itu dan berkata, "Beri saya waktu, Tuhan." Dan jawaban yang saya dapatkan kembali adalah, "Aku memberimu waktu." Saya memanggil suara itu, 'Tuhan.' Ketika saya berkata bahwa saya membutuhkan lebih banyak waktu, Yesus memberi saya waktu. Dia tidak mendorong saya. Dia bersabar dengan saya. 2 Petrus 3:9 mengatakan, "Tuhan tidak lalai menepati janji-Nya, sekalipun ada orang yang menganggapnya sebagai kelalaian, tetapi Ia sabar terhadap kamu, karena Ia menghendaki supaya jangan ada yang binasa, melainkan supaya semua orang berbalik dan bertobat." Haleluya!

Semua Dosamu, Aku Ampuni

Saya mendapatkan mimpi indah dari Tuhan yang membawa saya kembali kepada iman - bukan karena paksaan, tetapi karena kasih dan karunia-Nya. Dalam mimpi saya, saya memasuki sebuah gereja dan melihat kerumunan orang yang sedang mendengarkan khotbah dengan penuh perhatian. Ketika saya melihat wajah pengkhotbahnya, kesedihan yang mendalam menyelimuti hati saya. Saya tahu siapa dia. Dia adalah Yesus, Tuhan dan Juruselamat saya. Saya tidak pernah menyangka bahwa saya akan bertemu dengan-Nya lagi. Saya menundukkan pandangan saya, dan mata saya terasa berat. Saya merasa sangat tidak layak untuk melayani Dia. Saya memutuskan untuk segera meninggalkan gereja. Saya merasa bersalah, malu, dan hilang semangat karena telah mengecewakan-Nya. Dalam mimpi ini, hati saya terus menangis, tetapi kemudian saya menguatkan hati. Saya melangkah mundur dan mencoba meninggalkan gereja sesegera mungkin. Ketika saya keluar dari gereja, seseorang memegang tangan saya, dan ketika saya berbalik, saya melihat Tuhan Yesus. Dia memeluk saya dan berbisik di telinga saya, "Matthew, semua dosa-dosamu, Aku ampuni." Dalam sedetik, hati saya berubah menjadi sukacita. Beban berat di dalam hati saya telah hilang. Tuhan Yesus mengucapkan kata-kata yang sama kepada perempuan dalam Lukas 7:48: "Dosamu telah diampuni." Haleluya!

Saya kembali kepada iman Kristen karena Tuhan Yesus, bukan karena manusia. Saya tidak dapat menolak kasih yang Dia miliki untuk saya. Bahkan ketika saya telah melupakan-Nya, Dia tidak melupakan saya. Saya mengerti bahwa kasih Allah bagi kita tidak bersyarat. Allah adalah Bapa yang setia dan penuh kasih. Yesus menceritakan sebuah kisah tentang anak yang hilang dalam Lukas 15:20-21, di mana si bapa melihat anaknya dari kejauhan dalam perjalanan pulang ke rumah. Dia merasa belas kasihan dan bukannya benci atau marah ketika melihat anaknya. Malah, si bapa berlari mendapatkan anak itu, merangkul dan menciumnya dengan lembut. Si anak itu belum mengakui betapa menyesalnya dia karena tidak mematuhi bapanya, tetapi si bapa sudah memaafkannya.

Saya mengalami pengalaman yang hampir sama dalam mimpi saya: Tuhan Yesus mengikuti saya dari belakang, memegang lengan saya, dan sebelum saya mengucapkan sepatah kata pun kepada-Nya, Dia memeluk saya dan mengampuni semua dosa-dosa saya. Haleluya! Puji Tuhan Yesus Kristus! Di manakah kita dapat mencari Allah yang penuh kemurahan seperti Dia? Dia adalah Bapa yang kekal. (Yesaya 9:5) Setiap kali saya mengingat apa yang telah Dia lakukan untuk saya, air mata saya mengalir dari mata saya, dan kasih saya kepada-Nya semakin dalam. Begitu saya kembali kepada iman, semua kekuatan saya kembali kepada saya. Saya melihat diri saya berada di alam roh, terbangun dari tidur dan berdiri teguh, hidup dalam nama Yesus. Saya mulai menaruh pengharapan saya kepada Tuhan. Roma 5:5 berkata, "Dan pengharapan tidak mengecewakan, karena kasih Allah telah dicurahkan di dalam hati kita oleh Roh Kudus yang telah dikaruniakan kepada kita." Haleluya!

Dombaku Mendengar Suara-Ku

Sungguh, Tuhan Yesus adalah gembala yang baik. Dia telah mengorbankan nyawa-Nya sendiri untuk kita. Ketika saya tersesat, Yesus datang dan mencari saya. Dia menyelamatkan saya dan mengampuni semua dosa saya, meskipun saya tidak layak menerimanya. Dia memilih saya, dan saya adalah milik-Nya. Saya mengerti kasih dan karunia-Nya bagi saya. Sungguh, kasih karunia Allah telah menyelamatkan saya. Keputusan terbaik yang saya buat dalam hidup saya adalah mendengar suara-Nya dan mengikuti-Nya. Yohanes 10:27-28 menyatakan, "Domba-domba-Ku mendengarkan suara-Ku dan Aku mengenal mereka dan mereka mengikut Aku, dan Aku memberikan hidup yang kekal kepada mereka dan mereka pasti tidak akan binasa sampai selama-lamanya dan seorang pun tidak akan merebut mereka dari tangan-Ku." Jika Yesus memanggil anda untuk mengikuti-Nya, terimalah undangan-Nya karena Dia dapat memberikan hidup yang kekal. Kasih-Nya itu benar, murni, kudus, dan indah. Anda tidak akan menyesal seumur hidup anda. Haleluya! Segala kemuliaan bagi Allah!

Gembala yang Baik, Domba, dan Serigala

Suatu hari, ketika saya sedang berbaring di atas tilam, saya menerima sebuah penglihatan di mana saya melihat kawanan domba di jalan dan seekor serigala mencoba menyerang domba-domba itu, tetapi tiba-tiba, seorang gembala yang baik, Yesus, menggunakan tongkat-Nya untuk menghalau serigala itu, dan serigala itu pun melarikan diri. Pada awalnya, saya tidak dapat memahami apa artinya, tetapi saya mengkaji di Internet dan menemukan bahwa serigala itu secara simbolis rakus dan kejam. Sementara serigala berburu dan mengepung mangsanya, orang sering menggunakan domba untuk melambangkan kepolosan dan ketidakberdayaan. Domba bergantung pada gembalanya yang baik. Domba hanya mendengarkan suara tuannya dan mengikutinya. Mereka belajar untuk mengenali suara gembala dan mempercayainya. Mereka tidak akan mendengar atau mematuhi perintah dari orang lain.

Biasanya, seorang gembala yang menggiring dombanya ke padang rumput akan memanggil setiap domba dengan namanya, dan domba-domba itu akan datang dan berjalan bersamanya untuk sementara waktu. Biasanya gembala menggunakan tongkat agar domba-domba dapat mengikuti dengan cermat dan menggigit potongan-potongannya. Tongkat ini juga dapat melindungi domba dari binatang buas seperti serigala. Saya mengerti ketika saya diperlihatkan dalam penglihatan itu bahwa Yesus menggunakan tongkat-Nya untuk mengusir serigala karena Dia adalah pelindung kita. Tuhan melindungi kita dari segala bahaya dan ancaman. Dia memimpin hidup kita dan menuntun jalan kita. Dia adalah pemulih hidup kita. Ada tertulis dalam Mazmur 23:4, "Sekalipun aku berjalan dalam lembah kekelaman, aku tidak takut bahaya, sebab Engkau besertaku; gada-Mu dan tongkat-Mu, itulah yang menghibur aku." Kita memiliki gembala yang baik yang sangat mengasihi dan memperhatikan kita. Taruhlah kepercayaan anda kepada Yesus.

Kuil

Saya ingin berbagi mimpi yang saya alami beberapa tahun yang lalu. Mimpi itu tentang kuil, dan saya melihat angin kencang meniup cahaya sepenuhnya. Kegelapan menyelimuti seluruh tempat, tetapi saya berada dalam posisi di mana saya bisa melihat banyak hewan liar dan binatang reptil yang mencoba mencari tempat berlindung di dalam kuil. Kuil itu tampak begitu mengerikan ketika hewan-hewan itu menempati sepenuhnya. Saya tahu ada yang salah dengan mimpi itu, tetapi ketika saya mengalami mimpi yang sama lagi, situasinya sangat berbeda. Anehnya, saya sedang menyapu dan membersihkan kuil. Kemudian, saya menyiramkan air di dalam dan di luar kuil.

Saya merasa senang dan puas hati melihat kuil yang cukup bersih. Kemudian, saya melihat sebuah kursi kerajaan yang kosong di kuil. Saya mengundang Tuhan Yesus untuk datang, dan Dia duduk di kursi kerajaan itu. Cahaya-Nya bersinar begitu terang di seluruh kuil. Saya merasa sangat senang melihat Tuhan di dalam kuil. Kemudian, saya melihat seekor merpati putih terbang dengan bebas di mana-mana di dalam kuil tersebut, dan saya melihat tempat itu seperti penuh dengan embun. Saya juga menanam banyak bunga di sekeliling kuil itu, yang terlihat sangat indah. Pemandangan itu begitu memukau mata saya. Saya merasa mimpi itu begitu nyata; seolah-olah sayalah yang tinggal di dalam kuil itu. Saya mengalami kedamaian dan sukacita yang luar biasa di hati saya saat itu. Saya sangat senang mendapatkan mimpi ini - mimpi yang sangat indah dan positif. Saya berharap bisa tinggal di sana lebih lama lagi karena Tuhan. Saya tidak tahu apa arti mimpi itu pada saat itu.

Saya pikir saya hanya membantu membersihkan kuil, tetapi ketika saya membaca satu ayat dari 1 Korintus 3:16, "Tidak tahukah kamu, bahwa kamu adalah bait Allah dan bahwa Roh Allah diam di dalam kamu?" Saya tertegun ketika mengetahui bahwa saya adalah bait Allah yang hidup dan Roh Kudus tinggal di dalam diri saya. Saya harus kudus dan bersih. Ayat dalam 1 Korintus 6:9-10 memperingatkan kita, "Atau tidak tahukah kamu, bahwa orang-orang yang tidak adil tidak akan mendapat bagian dalam Kerajaan Allah? Janganlah sesat! Orang cabul, penyembah berhala, orang berzinah, banci, orang pemburit, pencuri, orang kikir, pemabuk, pemfitnah dan penipu tidak akan mendapat bagian dalam Kerajaan Allah."

Saya percaya bahwa lampu kuil terpadam setelah dilanda badai petir karena saya hidup dalam kegelapan tanpa Kristus. Dan ketika binatang buas dan reptil memasuki kuil, hal itu mengingatkan saya tentang bagaimana saya terus hidup dalam dosa. Saya telah melakukan banyak kejahatan dan dosa dan layak untuk dihukum. Tetapi saya bersyukur kepada Tuhan karena telah memberikan saya kesempatan kedua melalui Putra-Nya, Yesus, dengan memanggil saya untuk bertobat dari dosa-dosa saya. Ketika saya melihat diri saya sedang membersihkan kuil dengan air, saya menyadari bahwa ini adalah tentang baptisan dengan air. Yohanes Pembaptis membaptis orang dengan air sebagai tanda pertobatan. (Matius 3:11) Baptisan air menandakan pembersihan dan pemurnian rohani. Setelah dibaptis, setiap orang percaya harus mengutamakan Tuhan dalam hidup mereka, mempelajari Firman Tuhan, dan menjadi pelaku firman. Mintalah Roh Kudus untuk membimbing anda dalam nama Yesus, bersungguh-sungguhlah dalam doa, rajinlah bertemu dengan saudara-saudari seiman dan berbagilah tentang Kristus.

Ketika saya mengundang Yesus masuk ke dalam kuil, saya percaya bahwa itulah saat saya menerima Yesus sebagai Tuhan. Roma 10:9 berkata, "Sebab jika kamu mengaku dengan mulutmu, bahwa Yesus adalah Tuhan, dan percaya dalam hatimu, bahwa Allah telah membangkitkan Dia dari antara orang mati, maka kamu akan diselamatkan." Haleluya! Saya juga telah menyaksikan berkali-kali bagaimana Tuhan Yesus menyelamatkan saya dari semua masalah dan dosa-dosa saya. Tuhan Yesus adalah Juruselamat pribadi saya. 1 Yohanes 4:14 menyatakan, "Dan kami telah melihat dan bersaksi, bahwa Bapa telah mengutus Anak-Nya menjadi Juruselamat dunia." Ketika saya melihat cahaya Kristus bersinar begitu terang di seluruh kuil, saya percaya bahwa itu adalah tentang cahaya Kristus yang telah mulai bersinar di seluruh hidup saya. Yesus berkata dalam Yohanes 8:12: "Akulah terang dunia; barangsiapa mengikut Aku, ia tidak akan berjalan dalam kegelapan, melainkan ia akan mempunyai terang hidup." Haleluya!

Saya percaya bahwa ketika saya melihat seekor merpati putih terbang bebas di kuil itu, itu adalah kehadiran Roh Kudus dalam hidup saya. Petrus berkata dalam Kisah Para Rasul 2:38 bahwa ketika kita bertobat dan dibaptis dalam nama Yesus Kristus untuk pengampunan dosa-dosa kita, maka kita akan menerima karunia Roh Kudus. Melihat kuil yang penuh dengan embun dalam mimpi saya mengingatkan saya akan ayat dalam Mazmur 141:2, "Biarlah doaku adalah bagi-Mu seperti persembahan ukupan, dan tanganku yang terangkat seperti persembahan korban pada waktu petang."

Saya mengerti bahwa embun yang saya lihat di kuil itu seperti doa-doa saya, yang naik ke hadapan Tuhan sebagai dupa yang harum. Itulah sebabnya saya merasakan kedamaian yang luar biasa dan ingin tinggal di sana untuk waktu yang lama. Kita, sebagai orang percaya, harus berdoa tanpa henti (1 Tesalonika 5:17), dan kita harus berdoa setiap waktu di dalam Roh dalam segala doa dan permohonan. (Efesus 6:18) Mengenai bunga-bunga yang saya tanam di sekeliling kuil, ia adalah tentang perbuatan baik karena Roh Kudus bekerja di dalam diri kita untuk menjadi serupa dengan Yesus. Perbuatan baik kita memperindah hidup kita. Tuhan akan membalas perbuatan baik kita. Adalah baik untuk membantu orang lain, karena hal itu membawa perasaan damai, sukacita, dan kebahagiaan ke dalam hidup kita.

Saudara-saudaraku yang kekasih, karena kita sekarang memiliki janji-janji itu, marilah kita menyucikan diri kita dari semua pencemaran jasmani dan rohani, dan dengan demikian menyempurnakan kekudusan kita dalam takut akan Allah. (2 Korintus 7:1) Kita, sebagai anak-anak Allah, harus menjalani kehidupan yang saleh. Roma 12:1 menyatakan bahwa kita harus menyembah Allah dengan mempersembahkan tubuh kita sebagai persembahan yang hidup, yang kudus dan yang berkenan kepada Allah. Saya menutupi topik ini dengan membagikan ayat dalam 1 Petrus 2:9, yang menyatakan, "Tetapi kamulah bangsa yang terpilih, imamat yang rajani, bangsa yang kudus, umat kepunyaan Allah sendiri, supaya kamu memberitakan perbuatan-perbuatan yang besar dari Dia, yang telah memanggil kamu keluar dari kegelapan kepada terang-Nya yang ajaib:" Jangan lupa itu! Haleluya! Segala kemuliaan bagi Tuhan Yesus Kristus!

Sebuah Gereja Tua

Pada suatu Senin pagi, ketika sedang berdoa, saya melihat sebuah penglihatan tentang sebuah gereja lama. Gereja itu tampak terbengkalai, dikelilingi oleh taman yang penuh dengan semak-semak. Saya melihat diri saya mulai melakukan pembersihan di luar gereja. Saya memotong rumput dengan rapi, mengecat gereja, dan menanam pohon dan bunga. Ketika saya memasuki gereja, saya melihat banyak patung dan gambar. Kemudian, saya melihat semuanya dibuang ke dalam air. Setelah itu, saya melihat Tuhan Yesus di dalam gereja. Dia duduk di kursi kerajaan di altar, dan karena kecerahan-Nya, cahaya-Nya menyinari seluruh gereja. Dan kali ini, saya melihat gereja yang terlihat begitu indah dan terang, dengan nyanyian paduan suara yang menyanyikan lagu-lagu untuk memuliakan Tuhan. Haleluya!

Saya menerima penglihatan tentang gereja lama ini karena saya masih mengikuti jalan yang lama, yang membutuhkan pembersihan. Saya harus bertobat dari dosa-dosa saya dengan tidak melakukannya lagi dan meninggalkan semua penyembahan berhala. Yesus adalah terang dunia. (Yohanes 8:12) Saya melihat kehadiran Yesus menghidupkan kembali gereja lama. Saya belajar bahwa saya harus menyerahkan seluruh hidup saya kepada Yesus. Dan biarkan terang Kristus menyinari setiap aspek kehidupan saya. Kegelapan tidak dapat mengalahkan terang ini. Saya harus selalu berada di dalam terang ini. Ketika saya melihat paduan suara di gereja bernyanyi dan memuji Tuhan, gereja itu kelihatan penuh sukacita. Saya belajar bahwa kita, sebagai orang percaya, harus meningkatkan pujian dan penyembahan kita kepada Tuhan. Kita harus menyanyikan lagu-lagu yang memuji Tuhan di rumah, di gereja, dan di mana juga kita berada. Kita harus mengganti nyanyian-nyanyian duniawi dengan nyanyian-nyanyian Kristen. Kita harus terus menerus memuliakan Allah dan bernyanyi bagi-Nya. Haleluya!

Ketika saya melihat dari luar, saya terkejut melihat bahwa gereja lama ternyata berubah menjadi gereja yang paling indah, dengan cahaya Kristus di seluruh tempat. Kemudian saya mendengar Tuhan berkata kepada saya, "Matthew, apakah menurutmu Aku akan meninggalkan gereja ini, atau Aku akan membawa gereja ini bersama-Ku?" Tuhan berkata kepada saya jika gereja ini terus seperti ini, Dia akan membawa gereja ini (gereja yang dipenuhi Roh Kudus) bersama dengan-Nya ke Kerajaan Surga. Sejujurnya, saya tidak tahu mengapa Dia mengatakan hal itu pada waktu itu. Sekarang saya tahu. Secara pribadi, saya merasa ini adalah tentang pengangkatan gereja (gereja yang dipenuhi Roh Kudus). Haleluya! Kita adalah gereja, mempelai perempuan, dan orang-orang Kristen. Kristus Yesus membuat kita hidup secara rohani. Saya mengerti sekarang bahwa setelah diselamatkan oleh Kristus Yesus, kita tidak boleh kembali ke jalan hidup yang lama. Kita tidak boleh menoleh ke belakang. Anak-anak Allah harus menjauhi berhala, kejahatan, dan dosa.

Di dalam Gua

Saya juga bermimpi berada di dalam gua, di mana pemandangannya sangat mengerikan. Pada awalnya, saya tercengang apa yang saya lakukan di sana. Tempat itu seperti sangkar penjara bagi saya. Lalu, tiba-tiba, entah dari mana, saya melihat seekor monster datang ke arah saya dan mencoba menyerang saya. Monster itu ingin memeluk saya. Sepertinya monster itu ingin mengurung saya, tetapi saya mendorongnya. Saya mencoba mencari cara untuk melarikan diri tetapi tidak bisa melihat pintu keluar. Bayangkan jika anda terjebak di dalam sebuah gua tanpa pintu atau jendela yang terlihat untuk melarikan diri. Saya sangat cemas dan takut saat itu. Saya tidak tahu apa yang harus saya lakukan, tetapi akhirnya, saya melihat sebuah lubang yang lebih tinggi dari tempat saya berdiri, dan saya bisa melihat cahaya kecil melalui lubang tersebut. Saya mencoba memanjat ke atas, tetapi monster itu terus menarik kaki saya ke bawah, dan saya terus menendangnya berulang kali. Tiba-tiba, saya merasakan cahaya kecil itu membesar, dan situasinya tampak seperti Yesus meletakkan tangan-Nya ke atas saya sehingga saya bisa keluar dari gua yang mengerikan itu. Akhirnya, saya terangkat dan keluar dari gua itu. Saya dapat melarikan diri melalui lubang di dalam gua. Haleluya! Saya bersyukur kepada Tuhan untuk itu.

Itu adalah mimpi yang menakutkan, dan saya mengerti bahwa saya menerima mimpi ini karena saya menyimpan dan menyembah berhala pada saat itu. Jadi, itu adalah mimpi peringatan bagi saya untuk bertobat. Puji Tuhan, saya bertobat dari dosa penyembahan berhala dan tidak pernah menoleh ke belakang sejak saat itu. Alkitab dengan jelas memperingatkan kita bahwa penyembah berhala tidak akan pernah masuk ke dalam Kerajaan Allah. (1 Korintus 6:9) Janganlah kamu tertipu pada hari-hari terakhir ini. Siapa pun yang mencintai seseorang atau sesuatu lebih dari Tuhan telah melakukan penyembahan berhala, dan mereka harus bertobat. Jika mereka menolak untuk bertobat, itu berarti neraka adalah tempat mereka selamanya. Yesus berkata, "Akulah pintu; barangsiapa masuk melalui Aku, ia akan selamat dan ia akan masuk dan keluar dan menemukan padang rumput. Pencuri datang hanya untuk mencuri dan membunuh dan membinasakan; Aku datang, supaya mereka mempunyai hidup, dan mempunyainya dalam segala kelimpahan." (Yohanes 10:9-10) Haleluya! Segala kemuliaan bagi Tuhan Yesus Kristus!

Yesus Menangis

Ada suatu masa ketika saya merasa sangat sedih melihat dunia yang penuh dengan kejahatan dan berdoa kepada Tuhan sambil berbicara dalam bahasa roh terus menerus, saya menangis terus menerus sementara masih berdoa. Saya tidak bisa menghentikan air mata saya. Tiba-tiba, saya memiliki belas kasihan yang mendalam terhadap orang-orang yang masih hidup dalam dosa. Kemudian, dalam penglihatan saya, saya melihat Salib Suci Yesus Kristus. Dahi Yesus mendekati dahi saya, dan kami bersama-sama menangis tersedu-sedu. Saya dapat merasakan rasa sakit dan kesedihan yang mendalam dari Yesus di dalam diri saya. Sejujurnya, itu adalah momen yang paling menyentuh dalam hidup saya. Setiap kali saya mengingat penglihatan Yesus di kayu salib dan menangis bersama saya, saya tidak dapat menahan air mata saya. Ketika saya periksa di Google, saya menemukan bahwa Yesus menangis beberapa kali ketika Dia hidup di bumi ini. Dia menangis untuk Yerusalem.

Yesus berkata dalam Matius 23:37-39, "Yerusalem, Yerusalem, engkau yang membunuh nabi-nabi dan melempari dengan batu orang-orang yang diutus kepadamu! Berkali-kali Aku rindu mengumpulkan anak-anakmu, sama seperti induk ayam mengumpulkan anak-anaknya di bawah sayapnya, tetapi kamu tidak mau. Lihatlah rumahmu ini akan ditinggalkan dan menjadi sunyi. Dan Aku berkata kepadamu: Mulai sekarang kamu tidak akan melihat Aku lagi, hingga kamu berkata: Diberkatilah Dia yang datang dalam nama Tuhan!" Saya menyadari betapa besarnya kasih sayang Tuhan kepada seluruh umat manusia selepas menerima penglihatan ini. Yesus menangis karena kita, tetapi banyak orang masih sibuk melakukan hal-hal lain.

Undangan ke Pernikahan

Ada suatu waktu ketika saya dan keluarga sedang makan malam, dan tanpa diduga, saya menerima undangan pernikahan dalam bentuk surat/gulungan di alam roh. Saya tertegun sejenak, dan setelah beberapa menit, saya bisa berbicara dengan keluarga saya lagi. Saya tidak dapat mengingat semua hal yang tertulis di gulungan kitab itu, tetapi saya tahu bahwa itu adalah undangan untuk Pernikahan Anak Domba. Ada tertulis di Wahyu 19:9, "Lalu ia berkata kepadaku: "Tuliskanlah: Berbahagialah mereka yang diundang ke perjamuan kawin Anak Domba." Katanya lagi kepadaku: "Perkataan ini adalah benar, perkataan-perkataan dari Allah." Oleh karena itu, kita harus bersiap-siap untuk kedatangan Tuhan yang sudah dekat. Kita harus mempersiapkan diri kita untuk menjadi pengantin dan gereja yang indah bagi Tuhan Yesus.

Banyak yang Diundang, Tapi Hanya Sedikit yang Terpilih

Beberapa tahun yang lalu, saya bermimpi melihat sebuah taman, dan di taman tersebut, saya melihat sebuah meja perjamuan panjang dengan banyak kursi. Akan ada pesta besar di sini. Saya masih menunggu untuk melihat makanan dan minuman di atas meja, tetapi saya terkejut melihat Tuhan Yesus duduk di kursi depan-Nya. Saya bertanya kepada-Nya, “Tuhanku, di manakah orang-orang lain? Kursi-kursinya kosong.” Tuhan menjawab, "Banyak yang diundang, tetapi banyak yang menolak untuk datang.” Saya merasa sangat sedih ketika mendapat jawaban-Nya. Mimpi ini mengingatkan saya pada perumpamaan tentang Perjamuan Pernikahan. Lalu Yesus berbicara pula dalam perumpamaan kepada mereka: “Hal Kerajaan Sorga seumpama seorang raja, yang mengadakan perjamuan kawin untuk anaknya. Ia menyuruh hamba-hambanya memanggil orang-orang yang telah diundang ke perjamuan kawin itu, tetapi orang-orang itu tidak mau datang.” (Matius 22:1-3)

Banyak orang yang terlalu sibuk dengan kehidupan mereka di dunia ini sehingga mereka tidak punya waktu untuk Tuhan. Mereka bahkan merasa tidak perlu lagi pergi ke gereja karena mereka sudah memiliki segalanya dalam hidup mereka. Mereka berada di zona kenyamanan. Dan mereka tidak ingin keluar dari zona kenyamanan mereka lagi. Tuhan telah memberi kita kesempatan kedua untuk berdamai dengan-Nya melalui Putra-Nya, Yesus. Kita perlu menanggapi panggilan-Nya untuk bertobat dengan sungguh-sungguh. Kita harus selalu memiliki hati yang bertobat dan rendah hati dalam hidup.

Tuhan mengasihi kita dengan kasih yang kekal. (Yeremia 31:3) Dia memiliki rencana yang baik untuk kita dan ingin kita menghabiskan waktu bersama-Nya di Surga untuk selama-lamanya. Dia bahkan telah menyiapkan perjamuan yang luar biasa bagi kita. Jadi, manfaatkanlah kesempatan ini. "Sebab banyak yang dipanggil, tetapi sedikit yang dipilih." (Matius 22:14)

Hanya Beberapa Kursi yang Kosong

Suatu hari, sejurus saya terbangun dari tidur dan membuka mata, saya melihat sebuah penglihatan tentang perjamuan pernikahan yang telah dipersiapkan, dengan Tuhan dan Juruselamat kita yang terkasih, Yesus Kristus, duduk di bagian depan bersama banyak orang lain. Saya sangat senang karena banyak anggota kelompok pelayanan saya telah mengambil tempat duduk mereka, dan hanya ada beberapa kursi yang kosong. Ketika saya bermimpi beberapa tahun yang lalu, saya melihat banyak kursi yang masih kosong, tetapi kali ini, saya melihat hanya ada beberapa kursi yang kosong. Haleluya!

Saya percaya pintu kasih karunia sudah mau tertutup. Kita harus membagikan Kristus kepada semua orang, terutama mereka yang belum mendengar tentang Yesus, sebelum terlambat. Alkitab dengan jelas mengatakan bahwa ketika satu orang berdosa bertobat, akan ada sukacita di sorga. (Lukas 15:7) Kita perlu membawa sebanyak mungkin jiwa untuk bertobat. Dengan cara ini, para Orang Kudus Allah akan sepenuhnya menempati semua kursi di perjamuan pernikahan di surga. Haleluya! Segala kemuliaan bagi Tuhan Yesus Kristus!

Salib Berat

Beberapa bulan yang lalu, saya mendapatkan sebuah penglihatan tentang anggota gereja saya, termasuk saya, memikul salib yang berat di bahu kami, berjalan, selangkah demi selangkah, dan menuju ke puncak Gunung Tinggi. Beberapa orang berada di depan saya, berjalan ke puncak, dan ketika saya melihat ke belakang, saya melihat banyak yang masih memikul salib mereka dan berjalan dengan perlahan. Saya melihat salah satu anggota gereja saya memikul salib yang berat di bahunya, tetapi ketika dia melihat orang lain yang juga memikul salib yang berat dan tidak dapat memegangnya dengan betul, dia bersedia membantu orang tersebut. Ini adalah tentang menolong mereka yang membutuhkan.

Kita, sebagai saudara dan saudari di dalam Kristus, harus saling membantu. Saya menyadari bahwa kita semua berada dalam perjalanan rohani yang sama untuk menyembah Tuhan di Gunung Suci-Nya. Kita harus menyangkal diri, memikul salib setiap hari, dan mengikuti Yesus. (Matius 16:24) Kita harus bersabar dalam segala hal. Terkadang, kita harus mengorbankan ambisi atau keinginan kita. Tantangan atau kesulitan dalam hidup dapat menunda kita untuk mencapai ke puncak. Namun, jika kita fokus pada Yesus dan terus berharap kepada-Nya, kita akan mencapai tujuan kita, sampai ke puncak gunung, dan menjadi pemenang. Haleluya!

Pengangkatan

Saya percaya setiap orang percaya (gereja yang dipenuhi Roh Kudus) yang mempersiapkan diri bagi Kristus akan dibawa ke surga. Saya memiliki banyak mimpi dan penglihatan tentang pengangkatan, dan saya percaya bahwa hal itu nyata dan benar. Saya tidak yakin tentang hari dan jam kapan tepatnya pengangkatan akan terjadi, tetapi saya pikir hal itu boleh terjadi secara tiba-tiba. Kita hanya perlu bersiap sedia. Saya telah membagikan beberapa mimpi dan penglihatan berkaitan dengan pengangkatan yang saya alami di sini:

1) Pada suatu pagi, sejurus saya bangun dari tidur, saya mendengar suara: "Persiapkanlah dirimu, Matthew, isterimu, dan anak-anakmu, Tuhan Yesus segera datang. Tuhan Yesus akan mengangkat kalian semua untuk bertemu dengan-Nya di angkasa (pengangkatan)." Saya sangat bersemangat setelah mendengar suara ini. Haleluya!

2) Suara sangkakala terdengar di langit. Saya dan keluarga saya melihat ke luar jendela, lalu saya terbangun dari tidur saya.

3) Saya bermimpi di mana saya dan keluarga saya tiba-tiba berada di atas awan. Kami berada di atas awan, dan saya melihat banyak keluarga di sana-sini, dan saya panik dalam mimpi itu. Saya melihat lingkungan seolah-olah seperti jalan raya, tetapi di mana-mana ditutupi dengan awan besar.

4) Ketika sedang berdoa pada suatu hari, saya melihat sebuah penglihatan tentang peristiwa pengangkatan. Pada awalnya,

saya melihat sebuah saluran pipa awan. Kemudian saya melihat keluarga saya dan saya berada di dalam awan. Setelah itu, saya melihat keluarga-keluarga lain di sana-sini, tetapi saya tidak dapat melihat wajah mereka. Kami berada di atas awan, dan pemandangan di sana terlihat seperti jalan raya yang sangat besar yang ditutupi oleh awan-awan raksasa di semua tempat.

5) Saya melihat diri saya, keluarga saya, dan banyak orang lain mengenakan pakaian putih sambil memegang daun palem di tangan kami.

Sejujurnya, di masa lalu, saya bahkan tidak tahu bahwa orang Kristen akan terangkat ke angkasa! Tetapi ayat dalam 1 Tesalonika 4:17 membuka mata saya. Di sana tertulis, "Sesudah itu, kita yang hidup, yang masih tinggal, akan diangkat bersama-sama dengan mereka dalam awan menyongsong Tuhan di angkasa. Demikianlah kita akan selama-lamanya bersama-sama dengan Tuhan." Semakin saya membaca ayat ini, semakin saya percaya bahwa ada pengangkatan rahasia di mana Yesus akan datang seperti pencuri dan membawa pengantin-Nya pulang bersama-Nya. Jika tidak, ayat ini tidak akan ada di dalam Kitab Suci. Ia tidak berhenti di situ saja. Tuhan juga memberi saya sekilas gambaran tentang gereja yang lama, yang ternyata berubah menjadi gereja yang paling indah, dan Dia berkata kepada saya bahwa Dia akan membawa gereja-Nya bersama-sama dengan-Nya. Saya menerima penglihatan ini pada saat saya bahkan tidak tahu banyak tentang pengangkatan.

Beberapa kali, saya terbangun di tengah malam. Roh Kudus meminta saya untuk membaca ayat dalam Wahyu 3:10. Bahkan setiap kali saya melihat jam tangan saya menunjukkan pukul 3:10 pagi atau 3:10 sore, itu mengingatkan saya untuk membaca Wahyu 3:10. Saya percaya Tuhan akan melindungi kita semua dari segala pencobaan yang akan datang kepada mereka yang tinggal di bumi ini. Saya percaya perkawinan Anak Domba dan takhta penghakiman Kristus akan terjadi di masa depan. Kedatangan Yesus yang kedua kali akan terjadi. Setelah Yesus mengalahkan tentara dunia, kita, orang-orang kudus, akan kembali bersama-Nya ke bumi. Haleluya! Segala kemuliaan bagi Allah!

Ketika saya melihat semua hal yang terjadi di dunia saat ini, saya tahu bahwa Tuhan Yesus akan datang untuk menyelamatkan kita semua. Dia akan datang sebagai juruselamat bagi mereka yang mengasihi-Nya atau sebagai hakim bagi mereka yang menolak-Nya. Banyak nubuat Tuhan Yesus telah terjadi, sedang terjadi dan akan digenapi pada masa depan. Saya tahu bahwa saya harus mempersiapkan diri untuk kedatangan-Nya. Kita semua perlu mempersiapkan diri untuk kedatangan-Nya. Kita harus menjadi seperti lima gadis bijaksana agar layak untuk pengangkatan. Semua untuk kemuliaan Tuhan kita Yesus Kristus! Haleluya!

Tuhan Yesus Menunggang Kuda Putih Bersama Orang-Orang Kudus

Dahulu kala, saya mendapatkan sebuah penglihatan di mana saya menunggang kuda putih bersama banyak orang. Saya tidak dapat melihat wajah dan kuda mereka dengan jelas, tetapi saya dapat mengatakan bahwa itu adalah pasukan yang besar. Kemudian saya melihat Tuhan Yesus menunggang kuda putih dari belakang, memimpin pasukan itu. Situasinya juga menunjukkan bahwa seperti kita kembali ke bumi. Hal ini tertulis dalam Wahyu 19:11-14 "Lalu aku melihat sorga terbuka: sesungguhnya, ada seekor kuda putih; dan Ia yang menungganginya bernama: "Yang Setia dan Yang Benar", Ia menghakimi dan berperang dengan adil. Dan mata-Nya bagaikan nyala api dan di atas kepala-Nya terdapat banyak mahkota dan pada-Nya ada tertulis suatu nama yang tidak diketahui seorang pun, kecuali Ia sendiri. Dan Ia memakai jubah yang telah dicelup dalam darah dan nama-Nya ialah: "Firman Allah." Dan semua pasukan yang di sorga mengikuti Dia; mereka menunggang kuda putih dan memakai lenan halus yang putih bersih."

Setelah saya membaca ayat ini, saya yakin semua peristiwa ini akan terjadi di masa depan. Menurut Alkitab, kita orang Kristen akan menjadi bagian dari pemerintahan. Kita akan memiliki tanggung jawab yang baru. Jadi bersiaplah. Kita semua harus siap dan serius dengan panggilan kita. Yesus

Kristus akan datang. Raja kita akan datang! Haleluya! Segala kemuliaan bagi Tuhan kita Yesus Kristus!

Seorang Pria Mirip Saya

Saya masih ingat melihat seorang pria di alam roh yang terlihat seperti saya di puncak gunung yang tinggi. Saya terkejut melihatnya. Apa urusannya di gunung ini? Saya hanya merasa bahwa dia memiliki hubungan dengan saya. Namun, tampaknya dia adalah musuh saya dan tidak begitu menyukai saya. Saya mencoba untuk mengalahkannya, tetapi dia terus muncul di depan saya berulang kali, seperti permainan komputer. Saya harus mengalahkannya lagi dan lagi. Saya tidak tahu mengapa dia terlalu kuat untuk dikalahkan. Saya merasa aneh. Saya terus bertarung dengannya, meninju dan menendangnya hingga saya mendorong dan menendangnya keluar dari tebing. Situasi atau penglihatan ini mengingatkan saya akan daging saya yang bertarung dengan roh saya. Galatia 5:17 menyatakan, "Sebab keinginan daging berlawanan dengan keinginan Roh dan keinginan Roh berlawanan dengan keinginan daging - karena keduanya bertentangan - sehingga kamu setiap kali tidak melakukan apa yang kamu kehendaki."

Paulus mengatakan dalam Roma 8:13, "Sebab, jika kamu hidup menurut daging, kamu akan mati; tetapi jika oleh Roh kamu mematikan perbuatan-perbuatan tubuhmu, kamu akan hidup." Karena keinginan daging adalah maut, tetapi keinginan Roh adalah hidup dan damai sejahtera. (Roma 8:6) Mereka yang hidup dalam daging, tidak mungkin berkenan kepada Allah. (Roma 8:8) Akan tetapi jikalau kamu memberi dirimu dipimpin oleh Roh, maka kamu tidak hidup di bawah hukum Taurat. (Galatia 5:18) Saya mengerti bahwa, sebagai anak-anak Allah, saya harus selalu hidup dipimpin oleh Roh. Semua orang, yang dipimpin Roh Allah, adalah anak Allah. (Roma 8:14) Galatia 5:24-25 menyatakan, "Barangsiapa menjadi milik Kristus Yesus, ia telah menyalibkan daging dengan segala hawa nafsu dan keinginannya. Jikalau kita hidup oleh Roh, baiklah hidup kita juga dipimpin oleh Roh." Haleluya!

Salibkan Dagingmu!

Ketika saya masih muda, saya sering mendapat penglihatan tentang diri saya disalibkan di kayu salib. Dan kadang-kadang saya mendengar sebuah suara yang berkata, "Salibkan dagingmu! Salibkan dagingmu!" Saya tidak tahu apa-apa tentang hal ini sebelumnya, tetapi sekarang saya mengetahuinya. Kita perlu menyalibkan keinginan kita. Ketika daging kita tunduk pada manusia roh kita dan roh kita tunduk pada Roh Kudus, kita dapat mengalahkan daging. Seperti yang saya lihat di alam roh, manusia roh saya bertarung, meninju, menendang, dan mendorong daging dari gunung yang tinggi; dengan cara yang sama, kita semua harus menolak semua kebiasaan buruk dan cara hidup yang dosa. Kita harus menjadikan Yesus sebagai teladan dan mengikuti jejak-Nya. Haleluya! Segala kemuliaan bagi Tuhan Yesus!

Latihan Fisik

Saat ini, orang menghabiskan lebih banyak waktu di gym atau di taman untuk merawat tubuh mereka. Mereka biasa melakukan banyak olahraga untuk menjaga tubuh mereka tetap sehat. Ya, tentu saja, itu adalah hal yang baik dan betul untuk dilakukan, tetapi pada masa yang sama, kita sebagai seorang Kristen harus mengingati pentingnya untuk memperkuatkan manusia batin kita. Ada tertulis dalam 1 Timotius 4:8, "Latihan badani terbatas gunanya, tetapi ibadah itu berguna dalam segala hal, karena mengandung janji, baik untuk hidup ini maupun untuk hidup yang akan datang." 'Manusia batin' mengacu pada bahagian rohani kita - jiwa dan roh. Efesus 3:16 menyatakan, "Aku berdoa supaya Ia, menurut kekayaan kemuliaan-Nya, menguatkan dan meneguhkan kamu oleh Roh-Nya di dalam batinmu." Saya mengerti sekarang bahwa orang Kristen harus terus menerus makan makanan rohani - Firman Tuhan. Kita mendapatkan kekuatan rohani di dalam batin kita ketika kita terus menerus membaca firman Tuhan, merenungkan ayat-ayat Alkitab siang dan malam, menyoroti ayat tersebut dan mempelajarinya, menghafalkan ayat-ayat tersebut, dan menerapkan firman Tuhan dalam hidup kita. Jadi, iman timbul dari pendengaran, dan pendengaran oleh firman Kristus. (Roma 10:17) Haleluya!

Doa

Di sini, saya ingin berbagi mimpi saya yang lain. Dalam mimpi ini, saya melihat diri saya duduk dan berlutut di atas gunung, dan di samping saya ada pohon. Baru-baru ini, saya baru mengetahui arti dari mimpi ini. Saya duduk di puncak gunung karena saya biasa duduk di hadapan Tuhan dan berdoa kepada-Nya. Saya merasa lebih selesa dalam posisi ini. Bahkan Raja Daud pun duduk di hadapan Tuhan dan mengucapkan doa syukur. (2 Samuel 7:18) Ketika berbicara tentang berlutut, ayat-ayat dalam Filipi 2:10-11 muncul di benak saya, yang menuliskan, "Supaya dalam nama Yesus bertekuk lutut segala yang ada di langit dan yang ada di atas bumi dan yang ada di bawah bumi, dan segala lidah mengaku: "Yesus Kristus adalah Tuhan," bagi kemuliaan Allah, Bapa!" Untuk itulah aku sujud menyembah kepada Bapa Tuhan kita Yesus Kristus. (Efesus 3:14) Mazmur 95:6 menyatakan, "Masuklah, marilah kita sujud menyembah, berlutut di hadapan Tuhan yang menjadikan kita." Haleluya!

Dalam Alkitab, hikmat disebut sebagai pohon kehidupan. (Amsal 3:18) Saya pikir pohon yang saya lihat dalam mimpi saya adalah tentang keinginan untuk mengetahui lebih banyak tentang Tuhan, pertumbuhan rohani, bimbingan ilahi, dan pembaharuan hidup. Amsal 13:12 menyatakan, "Harapan yang tertunda menyedihkan hati, tetapi keinginan yang terpenuhi adalah pohon kehidupan."

Saya percaya bahwa saya menerima mimpi ini terutama karena kehidupan doa saya. Kadang-kadang, saya duduk dan berdoa; kadang-kadang, saya berlutut dan berdoa; dan kadang-kadang, saya berdiri dan berdoa. Doa sangat penting dalam kehidupan seorang Kristen. Doa dapat membawa kita lebih dekat dengan Tuhan. Doa dapat membantu kita mengembangkan hubungan kita dengan Tuhan. Doa memampukan kita untuk membangunkan hubungan dengan-Nya dan menyelaraskan hati kita dengan-Nya. Doa juga merupakan cara bagi kita untuk menghabiskan waktu bersama Tuhan, mencari pengampunan dan bimbingan-Nya, dan membangun hubungan dengan-Nya. Berdoa setiap hari untuk memohon hikmat adalah hal yang betul untuk dilakukan. Bapa Surgawi kita ingin kita berkomunikasi dengan-Nya melalui doa. Dia begitu setia mendengarkan doa-doa kita. Doa harian kita dapat mengundang berkat ke dalam hidup kita dan orang lain.

Alkitab mengatakan bahwa doa orang yang benar bila dengan yakin didoakan, sangat besar kuasanya. (Yakobus 5:16) Kita harus terus dalam doa. (Kolose 4:2) Bahkan air mata pun adalah doa. Ketika kita tidak dapat berbicara, air mata itu akan mengalir kepada Allah. (Mazmur 56:8) 1 Korintus 14:15 mengatakan bahwa kita dapat berdoa dengan roh dan akal budi kita. Kita juga harus berjaga-jaga dan berdoa agar tidak jatuh ke dalam pencobaan. (Matius 26:41) Filipi 4:6 menyatakan, "Janganlah hendaknya kamu kuatir tentang apa pun juga, tetapi nyatakanlah dalam segala hal keinginanmu kepada Allah dalam doa dan permohonan dengan ucapan syukur." Kita juga perlu berdoa di dalam Roh, seperti yang dikatakan dalam Efesus 6:18, "Dalam segala doa dan permohonan. Berdoalah setiap waktu di dalam Roh dan berjaga-jagalah di dalam doamu itu dengan permohonan yang tak putus-putusnya untuk segala orang Kudus." 1 Tesalonika 5:16-18 menyatakan, "Bersukacitalah senantiasa. Tetaplah berdoa. Mengucap syukurlah dalam segala hal, sebab itulah yang dikehendaki Allah di dalam Kristus Yesus bagi kamu." Haleluya!

Setiap kali kita berdoa kepada Tuhan, ia membawa kedamaian dan sukacita ke dalam hati kita, dan kita dapat yakin bahwa Tuhan mendengar doa-doa kita. Tuhan dekat pada setiap orang yang berseru kepada-Nya, pada setiap orang yang berseru kepada-Nya dalam kesetiaan. (Mazmur 145:18) Kita dapat mempercayai Dia karena Dia adalah Tuhan dan Juruselamat kita. Dia adalah Raja kita, pelindung kita, pembebas kita, penyedia kita, penyembuh kita, perisai kita, pejuang kita, pembela kita, Mesias kita, Penebus kita, Raja Damai kita, Jalan, Kebenaran dan Hidup, Singa suku Yehuda, dan pengharapan kita. Ingatlah satu hal ini: Orang Kristen yang berkemenangan adalah orang Kristen yang berdoa. Haleluya! Segala kemuliaan bagi Tuhan kita Yesus Kristus!

Lihatlah Tuhan-Mu

Di sini, saya ingin berbagi mimpi saya tentang berdiri di puncak gunung. Dalam mimpi ini, saya melihat guntur dan kilat menyambar di mana-mana di atas gunung. Saya terkejut melihat diri saya berdiri di puncak gunung dan berkata, "Lihat, itu Allahmu!" Saya tidak tahu mengapa atau apa yang saya lakukan di sana! Dan apa arti mimpi itu? Sejauh yang saya tahu, pada masa Musa, ketika orang-orang melihat guntur dan kilat, mendengar sangkakala, sambil melihat gunung yang berasap, mereka gemetar ketakutan. Mereka akan kejauhan. Kita dapat membaca hal ini dalam Keluaran 20:18.

Tetapi saya masih tidak mengerti mengapa saya menerima mimpi seperti ini. Tetapi kemudian Tuhan membuka mata saya. Sebuah ayat dalam Yesaya 40:9 menarik perhatian saya, yang tertulis, "Hai Sion, pembawa kabar baik, naiklah ke atas gunung yang tinggi! Hai Yerusalem, pembawa kabar baik, nyaringkanlah suaramu kuat-kuat, nyaringkanlah suaramu, jangan takut! Katakanlah kepada kota-kota Yehuda: "Lihat, itu Allahmu!" Mata saya tertuju pada kata-kata 'Lihat, itu Allahmu!' yang persis sama dengan yang ada di dalam mimpi saya. Haleluya! 'Lihatlah' berarti 'melihat'. Nabi Yesaya mengajak umat Allah untuk melihat, memandang, dan menyaksikan Allah mereka ketika Dia datang dengan keselamatan dan penebusan bagi umat-Nya. Inilah nubuat Injil.

Nabi Yesaya mengatakan bahwa kemuliaan Tuhan akan dinyatakan. (Yesaya 40:5)

Nabi Yesaya juga mengatakan bahwa seorang perempuan muda mengandung dan akan melahirkan seorang anak laki-laki dan ia akan menamakan Dia Imanuel, yang berarti "Allah menyertai kita". (Yesaya 7:14)

Dalam Yohanes 1:14, "Firman itu telah menjadi manusia, dan diam di antara kita, dan kita telah melihat kemuliaan-Nya, yaitu kemuliaan yang diberikan kepada-Nya sebagai Anak Tunggal Bapa, penuh kasih karunia dan kebenaran." Haleluya!

Allah telah menjadi manusia di dalam Yesus Kristus. Dia adalah gambar Allah yang tidak kelihatan. (Ibrani 1:3)

Sebab dalam Dialah berdiam secara jasmaniah seluruh kepenuhan ke-Allahan. (Kolose 2:9)

Kita beroleh terang dari pengetahuan tentang kemuliaan Allah yang nampak pada wajah Kristus. (2 Korintus 4:6)

Oleh karena itu, kita sebagai orang yang percaya kepada Kristus, harus tahu bagaimana memuliakan Allah kita. Allah dimuliakan dalam ketaatan kita untuk mengikuti jalan Kristus. Jadi, jika engkau makan atau jika engkau minum, atau jika engkau melakukan sesuatu yang lain, lakukanlah semuanya itu untuk kemuliaan Allah. (1 Korintus 10:31) Ada tertulis dalam Mazmur 63:4, "Sebab kasih setia-Mu lebih baik dari pada hidup; bibirku akan memegahkan Engkau." Haleluya!

Air Mata Untuk Tuhan

Selama beberapa hari yang lepas, saya memikirkan apa yang harus saya lakukan selanjutnya dalam hidup saya. Saya terus meminta Roh Kudus untuk mengungkapkan rencana Tuhan kepada saya. Tak disangka, saya mengalami pengurapan yang mendalam, menuntun saya untuk berdoa dalam roh dan bernyanyi kepada Tuhan sampai saya tidak dapat menahan air mata saya. Saya bernyanyi tentang Tuhan dalam kemuliaan, Bapa dalam kemuliaan, Tuhan Yesus dalam kemuliaan, dan Roh Kudus dalam kemuliaan. Saya terus memuji, bersyukur, dan memuliakan Tuhan melalui lagu dan melodi yang datang dari hati saya.

Lalu Tuhan berkata kepada saya: "Anak-Ku Matthew, Aku telah menghitung semua air matamu. Ada banyak kali kamu membiarkan air matamu mengalir. Kadang-kadang, kamu membiarkan air matamu mengalir karena tantangan dalam hidupmu. Kadang-kadang, kamu membiarkan air matamu gugur karena mengingati dosa-dosa dan kesalahanmu di masa lalu. Aku punya kabar baik untuk disampaikan kepadamu. Aku menyimpan semua air matamu dengan aman di dalam botol. (Mazmur 56:9) Ketika saatnya tiba, Aku akan menunjukkannya kepadamu. Katakan padaku, Matthew, air mata manakah yang begitu penting - air mata untuk Tuhan atau air mata untuk dirimu sendiri? Aku ingin kamu mempersembahkan semua air matamu kepada-Ku. Akulah Tuhan Yesus. Lakukanlah sekarang!"

Seketika itu juga, saya mulai mengingat air mata saya satu per satu sejak saya masih kecil hingga saat ini. Kemudian, saya mempersembahkan semua air mata saya kepada Tuhan. Setelah itu, Tuhan berkata, "Aku akan menghapus semua air matamu, Matthew." Langsung ayat dalam Wahyu 21:4 terlintas di benak saya: "Dan Ia akan menghapus segala air mata dari mata mereka, dan maut tidak akan ada lagi; tidak akan ada lagi perkabungan, atau ratap tangis, atau dukacita, sebab segala sesuatu yang lama itu telah berlalu."

Tuhan mengatakan kepada saya bahwa Dia akan menolong saya. Dia mengungkapkan rencana-Nya kepada saya dan menjelaskan apa yang harus saya lakukan selanjutnya. Tuhan berkata, Cukuplah kasih karunia-Ku bagimu. (2 Korintus 12:9) Dia juga memperingatkan tentang bahaya yang akan datang ke dunia ini. Kita harus berhati-hati, terutama dengan teknologi. Tanda binatang itu akan diterapkan. Oleh karena itu, kita harus waspada dan berdoa agar tidak jatuh ke dalam perangkap musuh. Tuhan memiliki rencana yang baik bagi kita masing-masing. Teruslah bertanya kepada Tuhan Yesus apa yang harus Anda lakukan selanjutnya dalam hidup Anda; Roh Kudus akan mengungkapkan rencana Tuhan kepada Anda. Kemudian, berjalanlah di jalan yang telah Tuhan pilihkan untuk Anda.

Ada tertulis dalam Amsal 3:5-6, "Percayalah kepada Tuhan dengan segenap hatimu, dan janganlah bersandar kepada pengertianmu sendiri. Akuilah Dia dalam segala lakumu, maka Ia akan meluruskan jalanmu."

Mazmur 32:8 menyatakan, "Aku hendak mengajar dan menunjukkan kepadamu jalan yang harus kautempuh; Aku hendak memberi nasihat, mata-Ku tertuju kepadamu."

Mazmur 37:23-24 mengatakan bahwa "Tuhan menetapkan langkah-langkah orang yang hidupnya berkenan kepada-Nya; apabila ia jatuh, tidaklah sampai tergeletak, sebab Tuhan menopang tangannya." Haleluya! Segala kemuliaan bagi Tuhan Yesus Kristus!

Anda Membutuhkan Sukacita

Suatu hari, saya mendapatkan sebuah penglihatan di mana saya melihat diri saya berlutut di depan takhta Allah. Saya melihat Tuhan Yesus duduk di atas takhta itu, tetapi wajah saya sama sekali tidak menunjukkan tanda-tanda kebahagiaan. Kemudian, Yesus mendekati saya dan berkata, "Di surga, tidak ada seorang pun yang boleh bersedih. Engkau harus bersukacita, Matthew." Setelah Dia mengatakan hal ini, sukacita yang luar biasa datang ke dalam hati saya. Saya mulai tersenyum lagi. Saya pulih dari stres dan depresi. Saya menjadi orang yang ceria dan penuh sukacita lagi. Haleluya!

Saya mulai menyadari bahwa kita, anak-anak Allah, membutuhkan sukacita dari Tuhan. Ini adalah buah kedua dari Roh Kudus. Tidak peduli seberapa besar masalah Anda, Tuhan kita jauh lebih besar dari itu. Banyak orang Kristen yang ingin memiliki rumah baru, mobil mewah, pekerjaan yang memuaskan, pendidikan yang lebih tinggi, kekayaan, dan lain-lain. Tetapi berapa banyak orang Kristen yang berdoa untuk mendapatkan sukacita dalam hidup mereka?

Ya! Hidup di dunia ini tidaklah mudah. Setiap hari memiliki pergumulannya sendiri. Tetapi jika kita menyerahkan seluruh hidup kita kepada Yesus dan membiarkan Dia memimpin, Dia akan menolong kita menjadi pemenang. Kita dapat menemukan sukacita dalam hidup kita. Hanya di dalam Tuhanlah terdapat kepenuhan sukacita. Yohanes 15:11

menyatakan, "Semuanya itu Kukatakan kepadamu, supaya sukacita-Ku ada di dalam kamu dan sukacitamu menjadi penuh." Juga tertulis dalam Mazmur 16:11, "Engkau memberitahukan kepadaku jalan kehidupan; di hadapan-Mu ada sukacita berlimpah-limpah, di tangan kanan-Mu ada nikmat senantiasa." Haleluya! Berikut adalah beberapa ayat yang berhubungan dengan sukacita yang dapat membantu meringankan kita dari beban dalam hati dan hidup kita.

Sepanjang malam ada tangisan, menjelang pagi terdengar sorak-sorai. (Mazmur 30:5)

Filipi 4:4 menyatakan, "Bersukacitalah senantiasa dalam Tuhan! Sekali lagi kukatakan: Bersukacitalah!"

Bersukacitalah senantiasa. Tetaplah berdoa. Mengucap syukurlah dalam segala hal, sebab itulah yang dikehendaki Allah di dalam Kristus Yesus bagi kamu. (1 Tesalonika 5:16-18)

Semoga Allah, sumber pengharapan, memenuhi kamu dengan segala sukacita dan damai sejahtera dalam iman kamu, supaya oleh kekuatan Roh Kudus kamu berlimpah-limpah dalam pengharapan. (Roma 15:13) Haleluya! Segala kemuliaan bagi Tuhan kita Yesus Kristus!

Mazmur 23

Mazmur 23:1-3 menyatakan, Mazmur Daud. Tuhan adalah gembalaku, takkan kekurangan aku. Ia membaringkan aku di padang yang berumput hijau, Ia membimbing aku ke air yang tenang; Ia menyegarkan jiwaku. Haleluya!

Mazmur 23 begitu istimewa bagi saya. Setiap kali saya membaca Mazmur ini, ia memberikan penghiburan bagi hati saya. Mazmur ini memberi saya harapan baru untuk terus maju dalam hidup. Sungguh, Tuhan Yesus adalah gembala yang baik. Dia tidak pernah meninggalkan atau mengabaikan saya. Dia menjaga saya sebagai salah satu domba kesayangan-Nya. Dia menuntun saya di sepanjang jalan.

Ketika saya tersesat dalam perjalanan, Dia datang dan mencari saya dalam mimpi dan penglihatan saya. Dia biasa berbicara di dalam hati saya. Suatu kali saya membaca Mazmur 23:2, dan saya melihat diri saya berbaring di padang rumput yang hijau dalam penglihatan itu. Lingkungan itu begitu mempesona dan damai. Haleluya! Suatu hari, saya sedang merasa kesal terhadap sesuatu, dan tiba-tiba, saya mendapat penglihatan sedang duduk di tepi sungai itu. Tuhan Yesus duduk di sebelah saya dan terus menatap saya. Pada saat itu, saya merasa terhibur dan mendapatkan kekuatan baru dalam hidup. Dia menghibur saya hanya dengan memandang saya, yang membuat saya bahagia lagi. Sungguh, Yesus mengasihi kita semua dengan kasih yang kekal. Yeremia 31:9 menyatakan, "Dengan menangis mereka akan datang, dengan hiburan Aku akan membawa mereka; Aku akan memimpin mereka ke sungai-sungai, di jalan yang rata, di mana mereka tidak akan tersandung; sebab Aku telah menjadi bapa Israel, Efraim adalah anak sulung-Ku." Haleluya! Terima kasih Tuhan!

Jika Anda ingin sekali mengalami semua hal yang luar biasa ini, mintalah dengan tulus kepada Tuhan Yesus Kristus. Alami sendiri bersama Tuhan, dan hanya dengan begitu Anda akan tahu bahwa apa yang saya katakan adalah benar. Pengalaman itu begitu damai dan menyegarkan. Tuhan Yesus sangat mengasihi kita. Mintalah kepada-Nya apa yang Anda inginkan; dengan kasih karunia-Nya, Tuhan akan menjawab doa-doa Anda. Haleluya! Segala kemuliaan bagi Tuhan kita Yesus Kristus!

Ruang Operasi

Di sini, saya ingin membagikan kesaksian saya tentang rasa takut dan iman. Selama beberapa hari, hati saya merasa gelisah. Beberapa perasaan negatif membuat saya ingin mengutuk atau mengatakan hal-hal yang jahat dari dalam hati. Untuk menghilangkan perasaan-perasaan ini, saya berdoa dan berpuasa. Akhirnya, saya menyerahkan situasi ini ke tangan Tuhan. Saya mengatakan dengan tulus kepada-Nya bahwa saya tidak bisa mengatasi hal ini lagi. Tuhan, tolong menangkanlah perjuangan saya dan berikanlah saya kemenangan. Tolong saya, Tuhan. Suatu hari, ketika sedang berdoa, saya melihat sebuah penglihatan tentang saya di ruang operasi. Mereka terus mencari penyakit saya, dimulai dari kepala saya. Dan mereka berkata dalam hati, "Tidak ada apa-apa dengan orang ini." Saya dapat mendengar kedua dokter berbicara, dan mereka memeriksa saya dengan sangat serius, tetapi tetap tidak dapat menemukan masalahnya. Kedua dokter itu terus mendiskusikan masalah saya sambil melihat komputer. Namun, ketika saya terus berdoa, dokter akhirnya menemukan masalah saya. Kemudian, saya melihat diri saya menjadi lebih baik setiap hari, mulai duduk, berdiri, melihat ke jendela, dan melakukan peregangan. Setelah itu, saya mengemasi barang-barang saya untuk pulang.

Saya tidak percaya dengan apa yang saya lihat tertulis di surat pelepasan dari hospital. Para dokter mendiagnosis penyakit

saya dengan "rasa takut". Dan mereka memberi saya obat "iman". Kemudian, saya melihat Tuhan Yesus menjemput saya dan membawa saya ke rumah-Nya, yang ada di surga. Pada saat ini, saya baru saja menyelesaikan poin-poin doa untuk iman dan poin-poin doa untuk mengatasi rasa takut. Segala kemuliaan bagi Tuhan. Terima kasih, Yesus. Setelah menyelesaikan doa dan melihat penglihatan itu, saya merasa tenang, dan rasa takut meninggalkan saya. Saya merasa sangat diberkati pada hari itu. Tuhan membebaskan saya dari semua ketakutan saya. Saya tidak pernah berpikir bahwa itu adalah ketakutan. Haleluya!
Ketakutan adalah penyakit yang menyerang kebanyakan orang saat ini. Ketakutan tidak hanya menyebabkan penderitaan, rasa sakit, dan penyakit, tetapi juga menyebabkan banyak kematian karena bunuh diri. Ini adalah penyakit yang paling tidak dapat disembuhkan yang menyerang seluruh dunia saat ini. Tidak ada obat untuk rasa takut, tetapi jangan kehilangan harapan.
Imanmu itu menghasilkan ketekunan. (Yakobus 1:3)
Iman adalah dasar dari segala sesuatu yang kita harapkan dan bukti dari segala sesuatu yang tidak kita lihat. (Ibrani 11:1)
Ibrani 11:6 menyatakan, "Tetapi tanpa iman tidak mungkin orang berkenan kepada Allah. Sebab barangsiapa berpaling kepada Allah, ia harus percaya bahwa Allah ada, dan bahwa Allah memberi upah kepada orang yang sungguh-sungguh mencari Dia."
Alkitab berkata dalam Mazmur 55:23, "Serahkanlah kuatirmu kepada Tuhan, maka Ia akan memelihara engkau! Tidak untuk selama-lamanya dibiarkan-Nya orang benar itu goyah."
Siapakah di antara kamu yang karena kekuatirannya dapat menambahkan sehasta pada jalan hidupnya? Jadi, jikalau kamu

tidak sanggup membuat barang yang paling kecil, mengapa kamu kuatir akan hal-hal lain? (Lukas 12:25-26)
Sebab itu janganlah kamu kuatir akan hari besok, karena hari besok mempunyai kesusahannya sendiri. Kesusahan sehari cukuplah untuk sehari." (Matius 6:34)
1 Yohanes 5:4 mengatakan, "Sebab semua yang lahir dari Allah, mengalahkan dunia. Dan inilah kemenangan yang mengalahkan dunia: iman kita." Haleluya!

Berjalan di Atas Air

Di sini, saya ingin berbagi mimpi lain di mana saya melihat diri saya berjalan di atas air dengan Tuhan Yesus berdiri di depan saya. Situasinya mirip dengan Petrus yang berjalan di atas air. (Matius 14:28-33) Tetapi dalam mimpi ini, saya tenggelam berkali-kali sebelum akhirnya menjangkau Yesus dan memeluk-Nya. Tuhan Yesus senang melihat saya. Saya tahu sekarang bahwa alasan saya tenggelam beberapa kali adalah karena saya terlalu fokus pada badai dalam hidup dan bukan pada Yesus. Saya berkonsentrasi pada kegagalan saya di masa lalu dan membiarkan rasa takut mengendalikan hidup saya. Saya harus fokus pada firman dan janji-janji Tuhan dalam hidup saya. Kita harus menyerahkan seluruh hidup kita kepada-Nya, tidak peduli badai apa pun yang kita hadapi. Kita harus memfokuskan seluruh hidup kita kepada Tuhan Yesus Kristus. Kita harus sungguh-sungguh memandang Tuhan Yesus dan berjalan ke arah-Nya. Dia adalah Allah kita, dan Dia akan menolong kita.

Ketika saya menoleh ke belakang, saya melihat seseorang yang dekat dengan saya mencoba berjalan di atas air, tetapi tenggelam juga. Kemudian saya terbangun dari tidur saya. Mimpi ini membuat saya sadar bahwa kita, orang-orang percaya, tidak boleh berputus asa untuk mendekatkan diri kepada Tuhan. Dia menunggu kita semua, dengan harapan penuh bahwa kita dapat mencapai-Nya. Tetaplah percaya diri.

Tuhan telah menuntun kita sejauh ini; pasti, dengan kasih karunia-Nya, Dia akan menolong kita sampai akhir untuk bersama dengan-Nya selama-lamanya. Ada tertulis dalam Yesaya 41:10, "Janganlah takut, sebab Aku menyertai engkau, janganlah bimbang, sebab Aku ini Allahmu; Aku akan meneguhkan, bahkan akan menolong engkau; Aku akan memegang engkau dengan tangan kanan-Ku yang membawa kemenangan." Terima kasih, Tuhan! Terima kasih, Tuhan Yesus Kristus!!!

Setelah Saya Bertobat

Dalam 1 Yohanes 1:9, dinyatakan, "Jika kita mengaku dosa kita, maka Ia adalah setia dan adil, sehingga Ia akan mengampuni segala dosa kita dan menyucikan kita dari segala kejahatan." Sungguh, setelah saya bertobat, saya merasakan kedamaian dan sukacita lagi. Saya menyerahkan kelemahan yang saya miliki, kesalahan yang telah saya lakukan, atau situasi yang saya hadapi ke tangan Tuhan Yesus. Seiring berjalannya waktu, saya berhenti melakukan kesalahan yang sama, dan masalah pun selesai. Begitulah cara Tuhan bekerja dalam hidup saya. Dan sekarang, di bawah anugerah dan kasih-Nya, saya membagikan kisah saya kepada Anda semua dan terus berjalan di jalan yang Tuhan Yesus pilih untuk saya. Haleluya! Tuhan itu sangat baik!

Badai Petir Besar

Beberapa tahun yang lalu, saya bermimpi berjalan menyusuri jalan yang panjang dan melihat badai petir yang sangat besar dengan petir yang dahsyat di hadapan saya. Badai itu mengepung saya hingga saya tidak bisa bergerak satu inci pun ke depan, dan petir terus menyambar di mana-mana. Saya tidak bisa mundur, ke kanan atau ke kiri, dan bencana itu seakan-akan menyerang dan menjebak saya. Saya mendapati diri saya terperangkap di sana, tidak yakin apa yang harus saya lakukan pada saat itu. Ketika saya terus memikirkan jalan keluar, saya melihat bayangan seorang pria mendekat ke arah saya, dan saya langsung mengenalinya. Dia adalah Tuhan Yesus Kristus yang saya kasihi. Dia datang ke arah saya dan dengan lembut menggendong saya di bawah lengan-Nya sambil tersenyum. Kemudian, saya melihat tubuh saya berubah menjadi seorang anak laki-laki berusia tujuh tahun, dan Tuhan menolong saya melewati badai. Saya sangat senang ketika Tuhan Yesus menyelamatkan saya dari bencana itu. Suatu kali, sewaktu sesi doa, sebuah pemikiran muncul di benak saya untuk bertanya kepada Tuhan mengapa Dia tersenyum kepada saya ketika Dia menyelamatkan saya dalam mimpi itu. Lalu, saya mendengar suara kecil di dalam hati saya berkata, "Aku mengasihimu, Matthew, dengan kasih yang kekal." Kata-kata-Nya sangat menyentuhi jiwa saya.

Ketika saya membaca dan merenungkan Yeremia 31:3, saya terkejut bahwa ayat-ayat tersebut terlihat mirip dengan kata-kata yang pernah diucapkan Yesus kepada saya. Saya dengan yakin dapat mengatakan sekarang bahwa Tuhan Yesuslah yang telah menolong saya mengatasi semua badai dalam hidup saya. Apapun situasi yang Anda hadapi saat ini, selalu ada jalan bagi Anda untuk keluar dari semua kekhawatiran, masalah, kondisi, dan keadaan Anda di dalam Kristus Yesus. Tuhan Yesus adalah gembala kita yang baik, dan kita adalah domba-domba kesayangan-Nya. Dia adalah tuan kita yang baik, dan kita adalah hamba-hamba-Nya yang terkasih. Kita tidak perlu lagi hidup dalam ketakutan dan dosa. Tuhan adalah pelindung dan pembebas kita; Dia akan selalu melindungi kita.

Yesaya 40:31 berkata, "Tetapi orang-orang yang menanti-nantikan Tuhan mendapat kekuatan baru: mereka seumpama rajawali yang naik terbang dengan kekuatan sayapnya; mereka berlari dan tidak menjadi lesu, mereka berjalan dan tidak menjadi lelah." Tuhan akan menolong kita untuk terbang tinggi seperti rajawali di atas semua badai dalam hidup. Tetapi hal ini hanya dapat dilakukan jika kita terbang tinggi dengan kuasa Roh Allah. Tuhan akan menolong kita untuk menjadi pemenang. Dia akan memelihara segala sesuatu. Haleluya! Segala kemuliaan bagi Tuhan kita Yesus Kristus!

Saya ingat dengan jelas saat saya terinspirasi untuk menulis tentang darah Yesus. Di alam roh, seekor anak domba yang telah disembelih terus menatap saya. Oleh karena itu, sangat penting bagi saya untuk membagikan semua yang saya ketahui tentang darah. Setiap orang Kristen perlu memahami pentingnya darah Yesus. Yesus disebut sebagai Anak Domba

Allah karena Allah memberikan Yesus untuk disembelih seperti anak domba demi pengampunan dosa-dosa kita sehingga kita dapat memiliki hidup yang kekal. Saya sebelumnya adalah seorang Kristen yang tidak menyadari pentingnya darah Yesus dalam hidup saya. Saya ingat pengorbanan yang Yesus lakukan di kayu salib untuk dosa-dosa saya dengan mengambil bagian dalam Perjamuan Kudus, tetapi saya hanya memiliki sedikit pengetahuan tentang darah. Menurut Yohanes 1:1, "Pada mulanya adalah Firman; Firman itu bersama-sama dengan Allah dan Firman itu adalah Allah." Firman itu telah menjadi manusia (Yohanes 1:14), dan Ia akan dinamakan Yesus, karena Dialah yang akan menyelamatkan umat-Nya dari dosa mereka. (Matius 1:21) Haleluya!

Abraham, Ishak dan Yakub

Di sini, saya ingin membagikan sebuah kesaksian tentang bagaimana saya belajar lebih banyak tentang darah Yesus. Ketika duduk di kursi di kantor saya pada suatu hari, saya tertidur karena terlalu lelah. Saya sendirian di kantor kecil itu. Kemudian, saya berdiri dari kursi dan berjalan beberapa langkah ke depan. Ketika saya menoleh ke belakang, saya melihat sesosok tubuh yang masih duduk di kursi, disinari cahaya yang sangat terang. Saya tidak tahu bahwa itu adalah tubuh fisik saya, dan saya tidak tahu apa yang harus saya lakukan selanjutnya. Segala sesuatu di sekeliling saya berwarna putih dan biru muda. Di sana, saya melihat seorang malaikat yang sangat besar datang ke arah saya dan mengirimkan sebuah pesan. "Matthew, engkau akan duduk bersama Abraham, Ishak dan Yakub. Dan sekarang kembalilah ke tubuh fisikmu." Saya berubah menjadi cahaya dan kemudian kembali ke tubuh fisik saya. Kemudian, saya terbangun dengan mulut yang masih terbuka lebar. Saya terkejut dengan apa yang terjadi. Saya memberi tahu istri saya tentang hal ini. Saya tidak tahu apakah saya harus bahagia atau sedih pada saat itu. Itu adalah pengalaman yang sangat supranatural bagi saya. Saya merasa lega ketika saya menemukan ayat dalam Matius 8:11 yang menyatakan, "Aku berkata kepadamu: Banyak orang akan datang dari Timur dan Barat dan duduk makan bersama-sama dengan Abraham, Ishak dan Yakub di dalam Kerajaan Sorga." Haleluya! Segala kemuliaan bagi Allah!

Tangan Jelek

Suatu hari, saya bermimpi melihat sebuah tangan jelek yang mencoba mencuri sesuatu dari rumah saya. Setelah mimpi ini, saya menghadapi banyak masalah: masalah keluarga, masalah keuangan, masalah di tempat kerja, dan banyak lagi. Saya melihat dalam mimpi saya bahwa dua cermin baru saja dibersihkan. Saya tidak pernah berpikir bahwa itu adalah pekerjaan musuh. Saya dan istri saya bingung dengan apa yang sedang terjadi. Saya harus mengambil cuti tanpa dibayar selama lebih dari satu tahun karena tidak ada yang mau menjaga anak saya. Saya harus menjual dua mobil dan sepeda motor. Kami menjadi tunawisma selama tiga hari, tetapi syukurlah kami masih bisa tinggal di hotel murah dengan sedikit uang yang kami miliki. Orang tidak akan pernah mengerti apa yang kami alami saat itu. Perang itu nyata, dan ancaman itu nyata. Dalam beberapa bulan, tabungan kami hampir mencapai nol. Hati saya sangat hancur, dan istri saya terus menangis di satu sisi dengan putra kami. Saya tidak tahu apa yang terjadi. Saya bahkan tidak tahu bagaimana melakukan peperangan rohani pada saat itu. Tetapi cerita tidak berakhir di situ.

Aku Akan Membangun Kota Ini Lagi!

Saya juga bermimpi melihat sebuah kota dihancurkan, dan iblis, yang mengenakan setelan hitam, masuk ke dalam limusin hitam dan melambaikan tangan ke arah saya, mengucapkan selamat tinggal. Setelah saya menerima mimpi ini, saya tahu bahwa itu adalah pekerjaan musuh. Kemudian, saya melihat sekelompok kecil orang berkumpul di satu tempat, mendengarkan perkataan seorang pengkhotbah. Ketika saya mendengarkan pengkhotbah itu, saya mendengar dia berkata, "Aku akan membangun kota ini lagi!" Dalam mimpi itu, saya mendengar suaranya dengan keras dan jelas, dan nama pengkhotbah itu adalah Yesus! Segala kemuliaan bagi Tuhan kita Yesus Kristus! Ketika Yesus menyatakan dalam mimpi itu, "Aku akan membangun kembali kota ini," saya teringat akan perkataan dalam Yehezkiel 36:33. "Beginilah firman Tuhan Allah: Pada hari Aku mentahirkan kamu dari segala kesalahanmu, Aku akan membuat kota-kota didiami lagi dan reruntuhan-reruntuhan akan dibangun kembali." Haleluya! Ayat ini berbicara tentang penebusan umat Allah, pemulihan Israel, dan pembaharuan negeri itu.

Saya percaya bahwa ayat ini dapat dilihat sebagai pertanda pemulihan dan penebusan yang paling utama melalui Yesus Kristus. Yesus membersihkan dosa-dosa kita dan memperbaharui segalanya. Saya berharap mereka yang belum mengenal Yesus Kristus segera mencari Dia sebelum terlambat. Akhir zaman akan segera tiba! Yesus adalah penebus yang sejati! Dia adalah Mesias yang sejati! Percayalah kepada-Nya! Taruhlah kepercayaan Anda kepada-Nya! Dia akan menebus Anda dari dosa-dosa Anda juga! Jangan pernah menyerah dalam hidupmu. Dia akan membangun kembali hidup Anda dan hidup saya. Berharaplah dan percayalah kepada Kristus Yesus. Iman kita akan dibalas dengan berlimpah. Haleluya! Segala kemuliaan bagi Tuhan kita Yesus Kristus!

Tutupi Dengan Darah

Suatu hari, dengan beban yang ada di dalam hati kami, saya dan istri saya terus berdoa dalam bahasa roh selama lebih dari satu jam. Kami benar-benar tidak tahu apa yang harus kami lakukan atau bagaimana cara keluar dari semua situasi sulit itu. Sementara kami terus berdoa dalam bahasa roh tanpa ada yang menduga, saya mendengar sebuah suara yang sangat keras, dan suara itu terdengar jelas di telinga kanan saya: "Tutupi setiap aspek kehidupanmu dengan darah Yesus, Matthew!" Saya tahu bahwa suara itu berasal dari Tuhan. Saya benar-benar mendengarnya dengan jelas. Sejak hari itu, kami dengan tekun menutupi setiap aspek kehidupan kami dengan darah Yesus, dan kami mengalami banyak terobosan dalam hidup kami. Banyak pelepasan dan kesembuhan terjadi. Selama kita terus mencari Tuhan dalam doa, kita dapat melihat sentuhan Tuhan dalam hidup kita. Haleluya! Tuhan adalah Tuhan yang baik.

Melawan Iblis

Beberapa kali, saya bermimpi berdiri di kaki Yesus di kayu salib. Pertama kali saya melihat darah-Nya, darah itu perlahan-lahan terus mengalir melalui kaki-Nya dan jatuh di dahi saya. Haleluya! Saya merasakan kasih, sukacita, kebahagiaan, kedamaian, dan perasaan positif yang datang kepada saya. Saya merasa sangat bersih. Kemudian, saya mengalami mimpi kedua tentang darah. Saya masih berdiri di kaki Yesus, tetapi kali ini, saya melihat serigala, singa, dan binatang-binatang lain yang mencoba menyerang saya. Ketika setetes darah Yesus jatuh di dahi saya, saya menjadi sangat kuat dan memiliki kekuatan untuk melawan musuh-musuh saya dengan menggunakan darah Yesus. Musuh-musuh itu bahkan tidak dapat mendekati saya. Akhirnya, mereka melarikan diri dari saya. "Karena itu tunduklah kepada Allah, dan lawanlah Iblis, maka ia akan lari dari padamu!" (Yakobus 4:7)

Singa Dari Suku Yehuda

Ada satu waktu di mana saya lihat di alam roh di mana singa dan serigala mencoba menyerang saya. Tiba-tiba, seekor singa besar mengaum dari bukit dan bertarung dengan para musuh. Sepertinya singa ini membela dan berjuang untuk saya. Adegan ini mengingatkan saya pada kisah Singa dari Suku Yehuda dalam Alkitab. Dalam kitab Kejadian, Yakub memberkati anaknya, Yehuda, dan sukunya di masa depan sebagai seekor anak singa dan seekor singa. (Kejadian 49:9) Wahyu 5:5 menyebutkan simbol ini lagi, menyatakan bahwa Singa dari Suku Yehuda telah menang dan layak untuk membuka gulungan kitab dan ketujuh meterainya. Kita tahu bahwa ayat ini berbicara tentang Yesus karena Dialah yang layak membuka gulungan kitab itu.

Hosea 11:10 juga menyatakan, "Mereka akan mengikuti Tuhan, Ia akan mengaum seperti singa." Oleh karena itu, kita harus selalu mempercayai perlindungan-Nya dalam hidup kita. Sama seperti bagaimana saya melihat seekor singa besar mengaum dan berperang untuk pihak saya melawan musuh-musuh saya, demikian juga Yesus akan berperang untuk pihak kita dan menghancurkan semua pekerjaan iblis dalam hidup kita. Tuhan Yesus adalah pelindung kita, dan Dia akan melindungi kita dari semua pekerjaan musuh karena Dia adalah Singa dari Suku Yehuda. Haleluya! Segala kemuliaan bagi Tuhan Yesus Kristus!

Rendam Seluruh Tubuh Anda Dengan Darah

Saya juga bermimpi melihat Yesus di atas kayu salib, dan darah terus keluar dari tubuh-Nya dan berkumpul membentuk sungai darah. Saya mendengar suara yang berkata, "Rendamlah seluruh tubuhmu di dalam darah itu," dan saya melakukannya. Pada saat itu, saya mengalami kedamaian yang luar biasa dalam hidup saya. Haleluya! Berbahagialah mereka yang membasuh jubahnya. Mereka akan memperoleh hak atas pohon-pohon kehidupan dan masuk melalui pintu-pintu gerbang ke dalam kota itu. (Wahyu 22:14) Berbahagialah mereka yang telah dibasuh oleh darah Anak Domba! Haleluya! Segala kemuliaan bagi Tuhan kita Yesus Kristus! Keselamatan bagi Allah kami yang duduk di atas takhta dan bagi Anak Domba! (Wahyu 7:10)

Doa Pembebasan Melalui Darah

Suatu hari, setelah saya mengucapkan doa pembebasan melalui darah Yesus, saya tertidur lelap. Kemudian, saya bermimpi melihat dua saluran pipa: darah dari pipa pertama dan air dari pipa kedua. Ketika saya terbangun dari tidur saya, hati saya merasa sangat damai dan bahagia. Pada saat itu, saya mengalami penyucian semua dosa saya dengan darah Yesus. Saya merasa seperti kain putih. Ada perkataan dalam Yesaya 1:18, "Marilah, baiklah kita beperkara! – firman Tuhan – Sekalipun dosamu merah seperti kirmizi, akan menjadi putih seperti salju; sekalipun berwarna merah seperti kain kesumba." Sebagai orang yang percaya kepada Kristus, kita percaya bahwa kita telah ditebus dari kutuk hukum Taurat, kematian rohani, kutuk generasi, kemiskinan, hutang, kekurangan, kegagalan, penyakit, dan setiap kejahatan dan dosa melalui pengorbanan yang Yesus lakukan di kayu salib bagi kita. Kita telah menjadi manusia baru di dalam Kristus Yesus. Saya percaya bahwa setiap orang Kristen harus mengetahui manfaat dari darah Yesus. Saya membagikan hal ini karena pengalaman pribadi saya dengan Tuhan. Siapapun yang memiliki masalah yang tidak dapat mereka selesaikan harus datang kepada Yesus. Mintalah pertolongan dan perkenan-Nya. Serahkanlah seluruh hidup Anda kepada-Nya. Serahkanlah situasi sulit Anda kepada-Nya, pelajari bagaimana cara menutupi area-area tersebut dengan darah Yesus, dan mintalah Roh Kudus untuk membimbing Anda. Roh Kudus pasti akan menolong Anda. Anda akan kagum dengan karya Allah dalam hidup Anda. Haleluya!

Tetesan Air

Suatu hari, ketika saya terbangun dari tidur, saya tercengang melihat air terjun yang sangat tinggi di depan saya di alam roh. Saya merasakan setetes air jatuh ke tubuh saya, dan kemudian saya melihat diri saya mandi di air terjun. Saya merasa sangat bersih. Hal ini terus berlanjut sepanjang hari, dan saya bertanya-tanya mengapa semua kejadian supranatural ini terjadi. Apapun yang saya lakukan pada hari itu, saya merasakan begitu banyak kedamaian, cinta, sukacita, dan berkat. Perasaan yang saya rasakan begitu indah, lengkap, dan mengagumkan. Saya ingin merasakan pengalaman yang sama lagi dan lagi. Rasa ingin tahu dalam pikiran saya untuk mengetahui apa yang sedang terjadi membuat saya ingin tahu lebih banyak tentang air hidup. Setelah dinyatakan oleh Roh Kudus tentang air hidup, saya mengerti dengan jelas apa artinya. Tuhan menyediakan air rohani bagi saya sehingga saya tidak akan menjadi lelah dalam hidup saya. Saya sampai pada pemahaman ketika saya mandi di air terjun di alam roh, sama seperti saya memandikan diri saya sendiri di air roh yang mengalir untuk membersihkan diri saya dari segala kenajisan. Tuhan memiliki rencana besar di balik kasih-Nya kepada gereja: agar Dia dapat menguduskan umat-Nya melalui firman-Nya. Oleh karena itu, marilah kita yang telah dikuduskan di dalam Kristus senantiasa tunduk kepada pimpinan Roh Kudus. Haleluya!

Meminum Air

Sejujurnya, tantangan yang saya hadapi dalam hidup saya membuat saya merasa sangat lelah. Saya sangat lelah menghadapi tantangan demi tantangan, kegagalan demi kegagalan, dan masalah demi masalah. Setelah satu masalah terselesaikan, masalah lain muncul. Saya merasa sangat haus dalam hidup saya. Saya merasa sangat kering. Terima kasih Tuhan karena tidak meninggalkan saya begitu saja. Tuhan menyediakan air kehidupan bagi saya. Beberapa kali, saya menerima mimpi di mana saya minum air bersih dari sungai. Saya mulai mengerti bahwa Tuhan ingin kita menerima-Nya dan minum dari-Nya sebagai air kehidupan. Setiap kali saya meminum air ini dalam mimpi, saya akan mendapatkan kekuatan baru untuk melangkah maju dalam hidup.

Sejak saya mengalami pengalaman ini, keinginan besar muncul di hati saya untuk lebih banyak berdoa, mengetahui lebih banyak tentang firman Tuhan, dan membagikan Injil kepada orang-orang yang saya kenal. Tidak peduli seberapa sibuk atau lelahnya saya, jika orang bertanya kepada saya tentang keselamatan dari Tuhan, saya akan segera masuk ke dalam percakapan dan berpartisipasi dengan serius. Saya tidak merasakan kelelahan sama sekali. Mata saya akan mulai bersinar lagi, dan saya akan mendapatkan kekuatan untuk membagikan Injil. Haleluya!!! Tuhan itu baik sepanjang waktu! Baru-baru ini, saya belajar bagaimana cara meminum air hidup ini. Berikut ini beberapa di antaranya:

1) Bersyukurlah kepada Tuhan & Pujilah Tuhan.

2) Menyebut nama Tuhan.

3) Bagikan tentang kasih dan kebaikan Tuhan melalui Kristus kepada semua orang.

4) Meninggikan nama Tuhan dalam doa.

5) Nyanyikanlah mazmur-mazmur bagi Tuhan.

6) Berserulah kepada Tuhan.

Berikut adalah beberapa ayat Alkitab yang berhubungan dengan air kehidupan:

Mazmur 63:2 menyatakan, ""Ya Allah, Engkaulah Allahku, aku mencari Engkau, jiwaku haus kepada-Mu, tubuhku rindu kepada-Mu, seperti tanah yang kering dan tandus, tiada berair."

Dalam Yohanes 4:10 tertulis bahwa Yesus menjawab "Jikalau engkau tahu tentang karunia Allah dan siapakah Dia yang berkata kepadamu: Berilah Aku minum! niscaya engkau telah meminta kepada-Nya dan Ia telah memberikan kepadamu air hidup."

Tuhan Yesus menjelaskan dalam Yohanes 4:14, "Tetapi barangsiapa minum air yang akan Kuberikan kepadanya, ia tidak akan haus untuk selama-lamanya. Sebaliknya air yang akan Kuberikan kepadanya, akan menjadi mata air di dalam dirinya, yang terus-menerus memancar sampai kepada hidup yang kekal."

Dan pada hari terakhir, yaitu pada puncak perayaan itu, Yesus berdiri dan berseru: "Barangsiapa haus, baiklah ia datang kepada-Ku dan minum! Barangsiapa percaya kepada-Ku, seperti yang dikatakan oleh Kitab Suci: Dari dalam hatinya akan mengalir aliran-aliran air hidup." Yang dimaksudkan-Nya ialah Roh yang akan diterima oleh mereka yang percaya kepada-Nya; sebab Roh itu belum datang, karena Yesus belum dimuliakan. (Yohanes 7:37-39) Allah berkata bahwa Ia akan mencurahkan Roh-Nya. (Yesaya 44:3-4) Pencurahan Roh Allah di akhir zaman berkaitan erat dengan air hidup. Haleluya! Segala kemuliaan bagi Tuhan!

Tempat-tempat yang indah

Di sini, saya ingin berbagi mimpi dan visi saya tentang tempat-tempat yang indah. Saya melihat banyak rumah-rumah indah yang menghadap ke tepi sungai yang panjang. Saya juga melihat sebuah jalan kecil di mana orang bisa berjalan. Saya melihat meja perjamuan panjang dengan kursi-kursi, air terjun, binatang, manusia, malaikat, dan banyak lagi. Pemandangannya sangat luar biasa. Saya menyadari bahwa jika saya begitu sibuk dengan hal-hal saya sendiri di dunia, akan sulit untuk datang ke tempat ini dalam alam roh. Oleh karena itu, sangat penting untuk memberikan waktu kita kepada Tuhan. Tuhan mungkin akan menunjukkan kepada Anda hal-hal yang belum pernah Anda lihat atau bayangkan sama sekali. Dia mungkin akan mengungkapkan rahasianya kepada Anda dan membantu Anda memahami penyataan dan tujuan yang Dia miliki untuk hidup Anda. Ada tertulis dalam Matius 6:33, "Tetapi carilah dahulu Kerajaan Allah dan kebenarannya, maka semuanya itu akan ditambahkan kepadamu." Haleluya!

Terjamin di Tangan Tuhan

Suatu hari, saya terkejut melihat sebuah penglihatan di atas kepala saya, di mana saya melihat Tuhan Yesus dikelilingi oleh banyak malaikat yang datang untuk melindungi saya dari musuh-musuh saya. Kehadiran Tuhan membuat para musuh saya ketakutan. Sejak hari itu, saya menyadari bahwa kita tidak sendirian dalam hidup ini. Mazmur 121:5-8 menyatakan, "Tuhan lah Penjagamu, Tuhan lah naunganmu di sebelah tangan kananmu. Matahari tidak menyakiti engkau pada waktu siang, atau bulan pada waktu malam. Tuhan akan menjaga engkau terhadap segala kecelakaan; Ia akan menjaga nyawamu. Tuhan akan menjaga keluar masukmu, dari sekarang sampai selama-lamanya."

Mazmur 34:8 mengatakan, "Malaikat Tuhan berkemah di sekeliling orang-orang yang takut akan Dia, lalu meluputkan mereka." Oleh karena itu, jangan khawatir tentang apa pun. Kita aman di tangan Tuhan. Haleluya! Segala kemuliaan bagi Tuhan kita Yesus Kristus!

Tangan Tuhan

Suatu hari, saya melihat tangan Tuhan turun dari langit. Saya melihat hal ini di alam roh. Saya mengerti bahwa tangan Tuhan memberikan kekuatan, perlindungan, arahan, berkat, kelepasan, dan kesembuhan atas hidup kita. Saya telah menerima banyak mimpi dan penglihatan mengenai tangan Tuhan. Di alam roh, saya melihat Yesus menyentuh saya dari belakang di sisi kanan saya, memeluk saya, dan mengampuni dosa-dosa saya. Saya melihat Yesus menuangkan minyak ke atas kepala saya, memberikan berkat-Nya, dan mengurapi saya. Saya melihat Yesus memberi saya sebuah hadiah. Saya melihat tangan kanan Yesus di atas perahu, menuntun saya langsung kepada keselamatan kekal. Saya melihat Yesus mendayung rakit dan menunjukkan jalan. Saya melihat Yesus menudingkan jari-Nya dan meminta saya untuk membaca Kitab Wahyu. Saya melihat Yesus menggendong saya di bawah lengan-Nya, dan bersama-sama, kami melewati badai petir dan banyak lagi. Allah itu baik. Berikut adalah beberapa ayat tentang tangan Tuhan yang membangun keyakinan saya kepada Tuhan:

Mazmur 16:11 berkata, "Engkau memberitahukan kepadaku jalan kehidupan; di hadapan-Mu ada sukacita berlimpah-limpah, di tangan kanan-Mu ada nikmat senantiasa."

Mazmur 20:7 berkata, " Sekarang aku tahu, bahwa Tuhan memberi kemenangan kepada orang yang diurapi-Nya dan menjawabnya dari sorga-Nya yang kudus dengan kemenangan yang gilang-gemilang oleh tangan kanan-Nya."

Mazmur 138:7 berkata, "Jika aku berada dalam kesesakan, Engkau mempertahankan hidupku; terhadap amarah musuhku Engkau mengulurkan tangan-Mu, dan tangan kanan-Mu menyelamatkan aku."

Mazmur 118:15-16: "Suara sorak-sorai dan kemenangan di kemah orang-orang benar: Tangan kanan Tuhan melakukan keperkasaan, tangan kanan Tuhan berkuasa meninggikan, tangan kanan Tuhan melakukan keperkasaan!"

1 Petrus 5:6 juga menyatakan, "Karena itu rendahkanlah dirimu di bawah tangan Tuhan yang kuat, supaya kamu ditinggikan-Nya pada waktunya." Haleluya! Segala kemuliaan bagi Tuhan kita Yesus Kristus!

Bayangan Seorang Pria

Beberapa kali, saya melihat bayangan seorang pria mendekati saya dari belakang di sisi kanan saya, mengulurkan tangan untuk menyentuh bahu kanan saya. Setiap kali dia melakukan itu, saya akan mendapatkan kekuatan baru untuk bangkit kembali. "Ya kekuatanku, aku mau berpegang pada-Mu, sebab Allah adalah kota bentengku." (Mazmur 59:9) Haleluya!

Kepalan tangan

Alkitab mengatakan dalam 1 Timotius 4:1-2 bahwa di waktu-waktu kemudian, ada orang yang akan murtad lalu mengikuti roh-roh penyesat dan ajaran setan-setan oleh tipu daya pendusta-pendusta yang hati nuraninya memakai cap mereka. Kita dapat melihat kesesatan besar yang sedang terjadi di dunia. Suatu kali, saya pernah melihat beberapa orang secara sukarela keluar dari kepalan tangan di alam roh. Hal ini mengingatkan saya pada beberapa orang Kristen yang hidup dengan nama mereka, dan mereka tidak tertarik untuk mengetahui tentang iman lagi. Mereka bahkan tidak mencoba untuk memahami keselamatan dari Tuhan dalam hidup mereka. Umat-Ku binasa karena tidak mengenal Allah. (Hosea 4:6) Saya berharap dan berdoa agar mereka bertobat dari dosa-dosa mereka dan kembali kepada cinta pertama mereka sebelum terlambat. Yesus berkata dengan jelas dalam Yohanes 14:6, "Akulah jalan dan kebenaran dan hidup. Tidak ada seorang pun yang datang kepada Bapa, kalau tidak melalui Aku." Tidak ada seorang pun yang bisa masuk surga kecuali melalui Yesus. Akhir zaman sudah dekat, teman-teman. Kita harus membereskan rumah kita. Tuhan Yesus akan datang untuk menghakimi orang yang hidup dan yang mati. Kita harus mempersiapkan diri.

Ada tertulis dalam Yohanes 10:27-29, "Domba-domba-Ku mendengarkan suara-Ku dan Aku mengenal mereka dan mereka mengikut Aku, dan Aku memberikan hidup yang kekal kepada mereka dan mereka pasti tidak akan binasa sampai selama-lamanya dan seorang pun tidak akan merebut mereka dari tangan-Ku. Bapa-Ku, yang memberikan mereka kepada-Ku, lebih besar dari pada siapa pun, dan seorang pun tidak dapat merebut mereka dari tangan Bapa." Haleluya! Sungguh, kita aman dalam tangan Tuhan. Tuhan tidak akan pernah meninggalkan mereka yang percaya kepada-Nya. Oleh karena itu, teruslah percaya kepada-Nya. Iman kita akan dibalas dengan berlimpah. Haleluya! Segala kemuliaan bagi Tuhan kita Yesus Kristus!

Peperangan Rohani

Busur dan Anak Panah

Suatu hari, saya melihat diri saya di alam roh memegang busur dan anak panah di atas gunung, dan Yesus berdiri di sisi kanan saya. Kemudian, saya melihat diri saya melepaskan anak panah langsung ke dada musuh di dasar gunung. Situasi itu tampak seperti Yesus sedang membimbing saya untuk mengalahkan musuh. Pengalaman ini mengingatkan saya pada ayat dalam Mazmur 144:1, "Terpujilah Tuhan , gunung batuku, yang mengajar tanganku untuk bertempur, dan jari-jariku untuk berperang;" Setelah bertahun-tahun, saya menyadari bahwa bukan saya atau busur dan anak panah di tangan saya yang membuat musuh-musuh saya takut, tetapi karena Tuhan menyertai saya! Tuhan Yesus menyertai saya! Raja di atas segala raja menyertai saya! Tuan di atas segala tuan menyertai saya! Singa Yehuda menyertai saya! Pertempuran adalah milik Tuhan. (1 Samuel 17:47) Tuhan berperang dalam semua pertempuran kita. Sebagai anak-anak Tuhan, kita harus menyerahkan semua aspek kehidupan kita kepada-Nya dan melakukan apa yang Tuhan ajarkan kepada kita. Terkadang kita harus berdiam diri dan membiarkan Tuhan menangani sisanya. Haleluya!

Perlengkapan Senjata Allah

Suatu malam, saya bermimpi melihat satu set lengkap baju besi tergeletak di lantai. Awalnya, mimpi itu terasa aneh bagi saya, tetapi tidak mengganggu saya. Setelah beberapa hari, seluruh keluarga saya jatuh sakit, tetapi puji Tuhan, kami sembuh kemudiannya dengan berkat Tuhan. Sekarang saya mengerti bahwa kita, sebagai prajurit Kristus, harus selalu mengenakan seluruh perlengkapan senjata Allah. Kita berperang bukan dengan senjata yang nyata, tetapi dengan mengenakan perlengkapan senjata Allah. Dalam Efesus 6:13, Paulus berkata, "Sebab itu ambillah seluruh perlengkapan senjata Allah, supaya kamu dapat mengadakan perlawanan pada hari yang jahat itu dan tetap berdiri, sesudah kamu menyelesaikan segala sesuatu." Enam senjata yang kita perlukan untuk peperangan rohani adalah: Berikatpinggangkan kebenaran (Efesus 6:14), Berbajuzirahkan keadilan (Efesus 6:14), Injil Damai Sejahtera (Efesus 6:15), Perisai Iman (Efesus 6:16), Ketopong Keselamatan (Efesus 6:17), dan Pedang Roh (Efesus 6:17).

Seorang prajurit Kristus yang baik harus tahu bagaimana menggunakan pedang Roh, yaitu Firman Allah. Efesus 6:18 memerintahkan kita untuk berdoa setiap waktu di dalam Roh. Kita, orang-orang yang percaya kepada Kristus, juga harus belajar bagaimana cara mengikat atau melepaskan dalam nama Yesus. Petrus menerima kunci Kerajaan Sorga. (Matius 16:19) Kunci tersebut melambangkan otoritas: Mengikat berarti membatasi, menghentikan, atau menahan. Melepaskan berarti melepaskan atau membuka. Yesus menyatakan bahwa apa yang kamu ikat di dunia ini akan terikat di sorga dan apa yang kamu lepaskan di dunia ini akan terlepas di sorga. (Matius 18:18)

Yesus memberi murid-murid-Nya kuasa dan otoritas atas semua setan. (Lukas 9:1)
Sebagai pengikut Kristus, kita juga dapat mengikat pekerjaan musuh atau melepaskan diri kita sendiri dan orang lain dari pekerjaan kegelapan. Kita tidak perlu takut untuk melakukan peperangan rohani. Yesus datang untuk membinasakan perbuatan-perbuatan iblis. (1 Yohanes 3:8) Yesus adalah Tuhan atas segala bala tentara. Kita bahkan dapat meminta Tuhan untuk mengirimkan malaikat-malaikat-Nya untuk berperang melawan pemerintah-pemerintah dan penguasa-penguasa. Roh yang ada di dalam kita, lebih besar dari pada roh yang ada di dalam dunia. (1 Yohanes 4:4) Ingatlah, perlindungan Tuhan lebih besar daripada yang melawan kita.

Peringatan

Setiap pagi, saya biasa mengucapkan Selamat Pagi, Abba Bapa, Selamat Pagi, Tuhan Yesus Kristus, dan Selamat Pagi, Roh Kudus. Tetapi suatu pagi, saya tiba-tiba terbangun, dan saya teringat akan kata tentang kejahatan. Saya menyadari bahwa Roh Kudus sedang memberikan peringatan kepada saya. Saya langsung tahu bahwa ada seorang pengunjung tak terduga yang mencoba menyerang. Saya mengenakan seluruh perlengkapan senjata Allah, dan dengan pertolongan Allah, saya mengikat musuh dalam nama Yesus. Sangatlah penting untuk mengetahui firman Tuhan dan percaya pada kepemimpinan Roh Kudus. Ketika kita memiliki firman Tuhan dan kuasa Roh Kudus ditambah dengan doa, tahu bagaimana memuji dan menyembah Tuhan, memiliki ketaatan kepada Kristus, percaya kepada darah Kristus, dan membagikan firman kesaksian kita, kita dapat bertempur dengan penuh percaya diri di medan perang. Kita aman di dalam tangan Tuhan.

Perisai Iman

Suatu hari, ketika saya sedang berdoa dengan keluarga saya, saya melihat di alam roh bahwa musuh-musuh sedang berusaha untuk menghentikan kami berdoa. Kemudian, dengan segera, kami memulai peperangan rohani kami. Saya dihujani dengan api dari hampir semua arah di alam roh. Saya menggunakan perisai untuk melindungi diri saya dari tembakan musuh. Anehnya, meskipun musuh melepaskan tembakan dari berbagai arah, perisai saya tetap tidak rusak. Sambil berlari, saya menggunakan perisai untuk melindungi diri dari tembakan musuh. Kemudian saya membalas tembakan musuh hanya dengan mengatakan, "Api! Api! Api!" Dan musuh-musuh melarikan diri dari saya. Haleluya! Saya melihat di alam spiritual, medan perang menjadi jelas, dan saya mendapatkan kembali kedamaian yang saya butuhkan untuk melanjutkan doa pagi bersama keluarga saya. Haleluya!

Paulus berkata dalam Efesus 6:16, "Dalam segala keadaan pergunakanlah perisai iman, sebab dengan perisai itu kamu akan dapat memadamkan semua panah api dari si jahat." Saya menyadari bahwa perisai yang saya pegang di tangan saya di alam roh adalah perisai iman. Peperangan rohani itu nyata. Apa yang terjadi di alam roh akan berdampak pada kehidupan fisik ini. Perisai iman bersifat defensif. Dalam segala hal yang kita lakukan, kita harus membawa perisai iman ini. Selalu punyai iman yang baik kepada Tuhan. Percayalah kepada Tuhan. Tetapi tanpa iman tidak mungkin orang berkenan kepada Allah. (Ibrani 11:6)

Ketopong Keselamatan

Saya bermimpi memiliki sebuah sepeda motor, namun tidak memiliki helm. Dalam mimpi itu, saya sudah membeli helm; saya dan istri saya sedang dalam perjalanan untuk mendapatkannya dan menggunakannya. Setelah saya terbangun dari tidur, saya langsung tahu bahwa saya dan istri saya harus memakai helm keselamatan. Biasanya, musuh suka menyerang pikiran terlebih dahulu karena dia tahu bahwa jika dia dapat mempengaruhi cara kita berpikir, dia dapat mempengaruhi cara kita bertindak. Musuh akan selalu berusaha untuk menaruh banyak pikiran negatif dan keraguan dalam pikiran orang percaya. Orang yang merasa ragu akan keselamatannya dapat dengan mudah jatuh ke dalam pencobaan dan meninggalkan imannya. Efesus 6:17 menyatakan, "Dan terimalah ketopong keselamatan dan pedang Roh, yaitu firman Allah." Itulah sebabnya kita perlu menyegarkan ingatan kita dengan firman Tuhan setiap hari. Kita harus selalu percaya pada janji-janji Allah kepada kita. Kita harus selalu ingat bahwa kita adalah anak-anak Allah, dan Roh Kudus ada di dalam diri kita untuk menolong dan membimbing kita. Dengan cara ini, kita dapat berjalan dengan penuh keyakinan di dalam keselamatan Tuhan. Kita akan selalu percaya pada kasih karunia Tuhan dalam hidup kita.

Pedang Roh

Dalam mimpi saya, pernah suatu kali saya melihat pedang panjang, pisau panjang, pisau pendek, dan lain-lain tepat di atas kepala saya. Ketika saya terbangun, saya merasa aneh karena, biasanya, saya hanya meletakkan Alkitab dan buku-buku doa di atas kepala atau di samping saya setiap kali saya tidur. Saya bertanya-tanya mengapa saya menerima mimpi itu. Namun, saya kemudian menemukan bahwa pedang yang saya mimpi mungkin adalah pedang roh, yaitu firman Tuhan. Efesus 6:17 memerintahkan kita untuk "terimalah ketopong keselamatan dan pedang Roh, yaitu firman Allah." Ibrani 4:12 juga menegaskan, "Sebab firman Allah hidup dan kuat dan lebih tajam dari pada pedang bermata dua mana pun; ia menusuk amat dalam sampai memisahkan jiwa dan roh, sendi-sendi dan sumsum; ia sanggup membedakan pertimbangan dan pikiran hati kita."

Setelah mimpi ini, saya mengerti bahwa sangat penting untuk membaca firman Tuhan (Alkitab). Setiap orang Kristen harus mengetahui firman Tuhan. Firman Tuhan adalah senjata yang sangat ampuh. Oleh karena itu, kita harus mengetahui dan memahami firman Tuhan, menjadi pelaku firman, dipenuhi dengan firman Tuhan, dan menggunakannya dengan penuh otoritas dalam peperangan rohani. Ingatlah, firman Tuhan adalah kebenaran, dan kita dapat mengandalkan janji-janji-Nya dalam firman-Nya. Roh Kudus akan mengajar kita bagaimana menggunakannya dengan betul. Setiap hari, kita harus mempelajari Alkitab (pedang).

Selain itu, Alkitab (pedang) dapat berfungsi sebagai senjata pertahanan. Firman Tuhan dapat melindungi kita dari tipu daya yang dibuat oleh musuh. Ketika kita mengenal firman Tuhan, kita dapat membedakan mana yang betul dan mana yang salah. Dengan demikian, kita tidak akan kehilangan arah dalam perjalanan kita untuk mencapai Tuhan.

Selalu Siap Sedia

Saya masih ingat ketika saya menjalani pelatihan penegakan hukum di akademi. Tahukah Anda bahwa saya harus tidur sambil mengenakan sepatu bot karena, sewaktu-waktu di tengah malam, akan ada sirene atau alarm yang membangunkan kami? Pelatih di sana akan menghukum seluruh tim jika kami terlambat masuk ke dalam barisan. Hal yang sama: kita harus siap setiap saat untuk terlibat dalam peperangan rohani. Melalui Roh Kudus dan firman Tuhan, kita dapat mempertahankan diri kita sendiri dan menyerang balik rencana atau taktik musuh. Jangan pernah memberikan kesempatan kepada musuh. Inilah karakter yang harus dimiliki oleh kita semua, sebagai prajurit Kristus.

Peperangan

Kita, sebagai anak-anak Allah, perlu berdiri teguh di dalam Kristus. Saya telah dicobai dalam hidup saya berkali-kali. Saya pikir saya dapat memenangkan peperangan ini sendirian, tetapi saya salah. Saya tidak dapat memenangkan peperangan ini tanpa Tuhan. Saya mendapat sebuah penglihatan tentang sebuah peperangan di mana saya sendirian, melawan musuh dengan sangat berani. Kedua kalinya saya mendapat penglihatan, saya melihat diri saya terluka parah, dan tidak ada seorang pun yang menolong saya. Kali ketiga saya mengalami penglihatan, saya mendapati diri saya sedang beristirahat di bawah naungan karena luka-luka saya. Kemudian, saya melihat diri saya sendiri dalam sebuah penglihatan mengendarai kuda putih, berperang dengan musuh. Namun, kali ini saya melihat Tuhan Yesus Kristus, Raja di atas segala raja, Tuan di atas segala tuan, menunggang kuda dari belakang saya, memimpin di depan, dan menolong saya untuk bertempur melawan musuh-musuh.

Wahyu 17:14 juga menyatakan, "Mereka akan berperang melawan Anak Domba. Tetapi Anak Domba akan mengalahkan mereka, karena Ia adalah Tuan di atas segala tuan dan Raja di atas segala raja. Mereka bersama-sama dengan Dia juga akan menang, yaitu mereka yang terpanggil, yang telah dipilih dan yang setia."

Dan juga tertulis dalam Wahyu 19:11-14, "Lalu aku melihat sorga terbuka: sesungguhnya, ada seekor kuda putih; dan Ia yang menungganginya bernama: "Yang Setia dan Yang Benar", Ia menghakimi dan berperang dengan adil. Dan mata-Nya bagaikan nyala api dan di atas kepala-Nya terdapat banyak mahkota dan pada-Nya ada tertulis suatu nama yang tidak diketahui seorang pun, kecuali Ia sendiri. Dan Ia memakai jubah yang telah dicelup dalam darah dan nama-Nya ialah: "Firman Allah." Dan semua pasukan yang di sorga mengikuti Dia; mereka menunggang kuda putih dan memakai lenan halus yang putih bersih." Haleluya! Segala kemuliaan bagi Tuhan kita Yesus Kristus.

Lihatlah ke Timur Tengah, Anakku

Suatu kali, ketika sedang dalam perjalanan pulang dari tempat kerja, saya menerima sebuah penglihatan. Dalam penglihatan itu, saya melihat sebuah lampu minyak jatuh dari meja, dan ketika saya melihat ke arahnya, lampu itu masih menyala. Kemudian, saya melihat langit terbuka dan mendengar sebuah suara yang berbicara kepada saya, "Lihatlah Timur Tengah, anakku." Apa maksud dari semua ini? Saya tidak mengerti mengapa saya harus melihat Timur Tengah. Tetapi sekarang saya tahu apa artinya. Tuhan ingin saya menjadi seorang penjaga melihat apa yang terjadi di Israel dan berdoa untuk mereka dan perdamaian abadi di Yerusalem.

Akulah Cahaya Sejati-Mu

Kemudian saya menerima penglihatan yang kedua, dan itu masih tentang cahaya lampu di atas meja, tetapi cahaya itu berbelok ke kanan dan ke kiri karena angin yang kencang. Saya mencoba untuk menutupinya dengan tangan saya, tetapi Tuhan Yesus telah menutupi lampu itu terlebih dahulu dan berkata kepada saya, "Jangan khawatir, Matthew. Akulah terangmu yang sejati. Aku akan melindungimu dan keluargamu." Tuhan Yesus berkata dalam Yohanes 8:12, "Akulah terang dunia; barangsiapa mengikut Aku, ia tidak akan berjalan dalam kegelapan, melainkan ia akan mempunyai terang hidup." Haleluya! Terima kasih, Tuhan Yesus Kristus!!!

Pengeboman

Saya juga mendapat penglihatan di mana Tuhan Yesus Kristus memperlihatkan bahwa musuh telah menyerang Israel. Situasi ini membuat saya kesal, karena musuh terus mengebom Israel tanpa menunjukkan belas kasihan. Kemudian, Tuhan Yesus, pegang tangan saya dan tunjukkan kepada saya sebuah penglihatan yang lain.

Buku Itu Dibuka

Saya melihat Tuhan kita, Yesus Kristus duduk di depan begitu banyak orang. Kitab dibuka, dan semua orang dihakimi sesuai dengan dosa-dosa mereka. Ada tertulis dalam Wahyu 20:12, "Dan aku melihat orang-orang mati, besar dan kecil, berdiri di depan takhta itu. Lalu dibuka semua kitab. Dan dibuka juga sebuah kitab lain, yaitu kitab kehidupan. Dan orang-orang mati dihakimi menurut perbuatan mereka, berdasarkan apa yang ada tertulis di dalam kitab-kitab itu." Hari penghakiman akan datang! Kita harus membereskan rumah kita. Selalu berdoa dengan hati yang rendah hati dan penuh pertobatan. Berdoalah agar Allah menuliskan nama Anda di dalam Kitab Kehidupan. Ini sangat penting. Maranatha! Datanglah, Tuhan Yesus!

Orang Tua Dengan Selendang Doa

Anehnya, suatu kali, saya bermimpi melihat seorang pria yang lebih tua. Saya tidak tahu siapa dia, tetapi dia mengenakan selendang doa, berjenggot panjang, dan sedang berdoa di dinding kuil suci. Ketika dia melihat saya, dia mengundang saya untuk berdoa bersamanya. Dia kemudian meminta saya untuk berdoa di dalam kuil. Ketika saya memasuki bait suci, saya melihat banyak malaikat yang sedang mempersiapkan sesuatu. Suasananya berembun, dan saya melihat Yesus Kristus duduk di atas takhta dan menyambut saya. Hati saya merasa sangat senang berada di sana. Segala kemuliaan bagi Allah!!! Kita masuk ke dalam Ruang Mahakudus melalui darah Anak Domba. Sangat dipersiapkan! Kita dikuduskan melalui darah. Kita harus memisahkan diri kita untuk menggenapi tujuan Allah. Tidak ada lagi orang-orang yang berpikiran duniawi.

Pembebasan Diri

Istri saya, Mary, berasal dari latar belakang Hindu. Keluarganya sangat berkomitmen pada agama Hindu. Dia melanjutkan kepercayaan tradisionalnya bahkan setelah menikah. Suatu hari, saya mengikutinya ke kuil, dan musuh menyerang saya. Untuk mengusir musuh tersebut, saya harus berdoa untuk pembebasan diri. Firman Tuhan mengajarkan kita, "Lawanlah Iblis, maka ia akan lari dari padamu!" (Yakobus 4:7) Musuh tidak memiliki kesempatan untuk merasuki orang percaya yang dipenuhi dengan Roh Kudus; namun, saya mengerti satu hal: anak-anak Allah tidak boleh masuk ke dalam wilayah mereka. Sebagai pengikut Yesus Kristus, kita tidak boleh masuk ke dalam kuil berhala sama sekali. Musuh sedang menunggu kesempatan untuk melahap orang yang diinginkannya. Terima kasih Tuhan karena telah membuka hati Mary Joanne untuk menerima Yesus sebagai Tuhan dan Juruselamatnya. Dia menerima Yesus karena Tuhan telah menyembuhkannya dari penyakitnya dan menjawab doanya mengenai kepindahan saya untuk kembali ke kampung halaman kami. Haleluya! Segala kemuliaan bagi Tuhan kita Yesus Kristus!

Puaslah dengan Apa yang Anda Miliki

Setelah beberapa tahun menikah, saat saya berusia tiga puluh delapan tahun, saya dan istri saya menghadapi kesulitan keuangan, yang memaksa kami untuk meminjam uang. Mary dan saya terus berdoa agar terbebas dari semua hutang keuangan. Dimulai dengan negosiasi, kami mengatur untuk membayar lebih sedikit kepada lembaga keuangan, yang menguntungkan kami. Kami bersyukur kepada Tuhan yang telah memberi kami hikmat untuk menyelesaikan masalah keuangan kami. Kami bertobat dari kebiasaan meminjam dan membelanjakan uang untuk hal-hal yang tidak perlu. Ibrani 13:5 berkata, "Janganlah kamu menjadi hamba uang dan cukupkanlah dirimu dengan apa yang ada padamu. Karena Allah telah berfirman: Aku sekali-kali tidak akan membiarkan engkau dan Aku sekali-kali tidak akan meninggalkan engkau." Haleluya! Segala kemuliaan bagi Tuhan Yesus Kristus!

Penyembuhan

Suatu hari, saya merasa tidak enak badan, jadi saya mengambil cuti dan beristirahat di rumah orang tua saya. Sambil berbaring di sofa, saya memohon belas kasihan Tuhan dan memohon agar Tuhan menolong saya. Saya melihat seseorang di alam roh, berpakaian putih lengkap, menutupi kepalanya dengan selendang doa putih, memasuki rumah melalui pintu utama. Kemudian dia berlutut di samping saya dan berdoa untuk saya sambil menengadah ke atas. Pada saat itu, demam saya turun drastis. Orang tua saya tetap membawa saya ke rumah sakit, dan setelah tiga hari, saya pulang ke rumah kembali. Puji Tuhan!!! Terima kasih, Tuhan Yesus!!!

Nubuat

Pada pertengahan tahun 2013, saya dan istri saya melakukan perjalanan liburan. Ketika kami sedang mengobrol, tanpa disangka-sangka saya bernubuat tentang kelahiran putra pertama saya. Saya masih ingat mendengar sebuah suara yang mengatakan bahwa saya akan memiliki seorang putra bernama Ezekial. Setelah dua bulan, istri saya mengandung, dan banyak kerabat kami berasumsi bahwa kami akan memiliki bayi perempuan dari rupa keadaan istri saya. Namun, saya dan istri saya yakin bahwa kami akan memiliki anak laki-laki, seperti yang dikatakan oleh suara itu. Secara ajaib, kami memiliki seorang bayi laki-laki yang lahir pada tahun 2014. Puji Tuhan!!!

Sekarang kami memiliki dua anak, dan yang kedua adalah seorang anak perempuan bernama Eliana Carmella Ashira. Kelahirannya benar-benar tidak terduga. Selama pemindaian tujuh bulan, dokter mengkonfirmasi jenis kelamin bayi sebagai laki-laki, membuat kami membeli semua barang yang diperlukan untuk keperluan bayi. Namun, ketika istri saya melahirkan, bayinya ternyata perempuan. Kami sangat terkejut!!! Namun, kami bersyukur kepada Tuhan karena telah memberkati kami dengan seorang anak laki-laki dan seorang anak perempuan. Puji Tuhan!!! Hal ini mengingatkan saya pada satu ayat dari Tuhan dalam Amsal 16:33: "Undi dibuang di pangkuan, tetapi setiap keputusannya berasal dari pada

Tuhan." Ketika Tuhan membuat keputusan-Nya tentang hal-hal yang akan terjadi, kita akan mendapatkan apa yang kita inginkan dari Tuhan. Kita harus sangat mempercayai Tuhan. Puji Tuhan!!! Segala kemuliaan bagi Tuhan!!!

Terburu-buru ke sana kemari

Dua minggu sebelum virus corona menyerang seluruh dunia, saya bermimpi melihat orang di mana-mana mengenakan masker dan bergegas kesana kemari ke rumah sakit. Saya tidak tahu arti mimpi itu sebelumnya, tetapi sekarang saya tahu. Tiga tahun sudah berlalu. Semoga Tuhan mengasihani kita dan melindungi kita dari segala kejahatan dalam nama Yesus. Amin dan amin.

Malaikat Bekerja

Saya bermimpi berjalan di sebuah taman yang indah. Saya melihat diri saya sebagai seorang anak kecil, dan kemudian saya melihat sebuah pintu yang dijaga oleh seorang malaikat. Saya ingin masuk ke dalam. Dia menanyakan nama saya dan memeriksa apakah nama saya ada di dalam buku. Kemudian dia berkata kepada saya, "Kamu boleh masuk ke dalam." Begitu saya masuk melalui pintu itu, saya melihat pemandangan yang menakjubkan dengan banyak rumah, besar dan kecil, pohon-pohon yang indah dengan banyak buah-buahan, lantai berbentuk kubus yang indah seperti kristal atau emas, dan di depan rumah-rumah itu ada sebuah sungai yang besar dan panjang. Sungguh lingkungan yang begitu damai. Pada saat itu, saya tidak tahu pasti apakah itu sorga, taman firdaus, atau apa, tetapi iman saya kepada Tuhan menjadi lebih kuat sejak saat itu. Untuk sekali ini, saya tidak ingin kembali ke dunia, tetapi akhirnya saya setuju untuk kembali. Saya juga melihat banyak kuda putih, dan saya bertanya kepada seorang malaikat mengapa mereka begitu sibuk. Dia mengatakan kepada saya bahwa mereka sedang mempersiapkan perang dan membawa pengantin perempuan Kristus pulang. Haleluya! Segala kemuliaan bagi Tuhan Yesus Kristus!

Acara

Suatu hari, saya menerima sebuah penglihatan untuk menghadiri sebuah acara. Tempat itu penuh sesak, dan saya tidak dapat melihat dengan jelas kecuali satu orang. Dia adalah salah satu pendeta, dan saya mengenalnya dengan baik. Dia duduk di meja yang berbeda. Kemudian saya melihat dua petugas keamanan datang dan memintanya untuk meninggalkan acara tersebut. Saya merasa aneh.

Penglihatan ini menuntun saya untuk membaca tentang Perumpamaan tentang Pesta Perkawinan. Hal ini tertulis dalam Matius 22:11-14. "Ketika raja itu masuk untuk bertemu dengan tamu-tamu itu, ia melihat seorang yang tidak berpakaian pesta. Ia berkata kepadanya: Hai saudara, bagaimana engkau masuk ke mari dengan tidak mengenakan pakaian pesta? Tetapi orang itu diam saja. Lalu kata raja itu kepada hamba-hambanya: Ikatlah kaki dan tangannya dan campakkanlah orang itu ke dalam kegelapan yang paling gelap, di sanalah akan terdapat ratap dan kertak gigi. Sebab banyak yang dipanggil, tetapi sedikit yang dipilih."

Setelah membaca ayat di atas, saya mengerti bahwa semua tamu dalam perumpamaan tentang perjamuan kawin itu mengenakan pakaian kawin yang pantas dan pakaian Kristus, kecuali satu orang itu. Mereka mengusir orang itu karena ia tidak memiliki pakaian pengantin. Saya menyadari bahwa pakaian pengantin sangatlah penting. Bahkan pendeta atau nabi pun tidak dibebaskan dari mempersiapkan pakaian pernikahan mereka. Setiap pengikut Kristus harus memiliki pakaian pernikahan ini. Pakaian pengantin melambangkan ditutupi oleh kebenaran Yesus, seperti yang tertulis dalam Roma 3:21-31. Paulus menasihati orang-orang Kristen untuk mengenakan Tuhan Yesus Kristus sebagai perlengkapan senjata terang. (Roma 13:14) Untuk memiliki pakaian pernikahan ini, kita sebagai orang percaya harus selalu berjalan dalam kekudusan. Kita harus kudus dan tidak bercela. (Efesus 5:25-27) 2 Petrus 3:14 menyatakan, "Sebab itu, saudara-saudaraku yang kekasih, sambil menantikan semuanya ini, kamu harus berusaha, supaya kamu kedapatan tak bercacat dan tak bernoda di hadapan-Nya, dalam perdamaian dengan Dia." Pakaian pernikahan kita tidak boleh kotor; pakaian itu harus selalu bersih dan tidak bercacat.

Kita harus menjadi seperti lima gadis bijaksana yang disebutkan dalam Alkitab. (Matius 25:1-13) Terang kita harus selalu bersinar terang. Kita harus hidup seperti Kristus, berkhotbah atau membagikan Injil. Kita juga harus menjaga minyak kita. Kita orang percaya harus dipenuhi dengan Roh Allah - Roh Kudus - dan dengan penuh semangat menantikan kedatangan Yesus kembali. Sebagai contoh, Roh Kudus menuntun dan mengawasi iman kita, kesaksian kita, kemurnian kita, pengabdian kita kepada Allah, perbuatan-perbuatan baik kita, dan ketaatan kita pada perjanjian.

Kita harus menghasilkan banyak buah Roh dalam hidup kita. (Galatia 5:22-23) Keinginan untuk semakin kudus dan mengurangi dosa akan terlihat. Kita harus berjaga-jaga, berdoa, berpuasa, dan meningkatkan pujian dan penyembahan kepada

Tuhan. Kita harus menjaga panca indera kita. Kita harus saling mengampuni. Kita harus memiliki roh yang lemah lembut. Berbahagialah orang yang lemah lembut, karena mereka akan memiliki bumi. (Matius 5:5) Kita juga harus berani membayar harga untuk mengikut Yesus. Selalu bersyukur kepada Tuhan.

Wahyu 19:7-9 menyatakan:

7 Marilah kita bersukacita dan bersorak-sorai, dan memuliakan Dia! Karena hari perkawinan Anak Domba telah tiba, dan pengantin-Nya telah siap sedia. 8 Dan kepadanya dikaruniakan supaya memakai kain lenan halus yang berkilau-kilauan dan yang putih bersih!" [Lenan halus itu adalah perbuatan-perbuatan yang benar dari orang-orang kudus.] 9 Lalu ia berkata kepadaku: "Tuliskanlah: Berbahagialah mereka yang diundang ke perjamuan kawin Anak Domba." Katanya lagi kepadaku: "Perkataan ini adalah benar, perkataan-perkataan dari Allah." Haleluya! Segala kemuliaan bagi Tuhan Yesus Kristus!

Mendayung Rakit

Saya juga mendapatkan sebuah penglihatan di mana saya melihat dua buah rakit kecil. Saya melihat Yesus Kristus mendayung rakit pertama, sementara seorang pendeta mendayung rakit kedua. Saya melihat diri saya, istri saya, dan anggota gereja lainnya berada di rakit Yesus, sementara beberapa orang berada di rakit pendeta. Saya mengerti bahwa sebagai orang yang percaya kepada Kristus, kita harus menyerahkan seluruh hidup kita kepada Tuhan Yesus dan membiarkan Dia yang memimpin kita ke sorga. Beberapa pendeta menjalankan pelayanan tanpa Kristus. Saya harap Anda mengerti apa yang saya maksudkan. Mereka harus bertobat sebelum terlambat. Penglihatan lain yang saya lihat adalah di mana saya melihat Yesus memimpin sambil mengayuh sebuah rakit, dan ketika saya melihat ke arah mana rakit itu menuju, di sana tertulis "SORGA." Haleluya! Segala puji bagi Tuhan Yesus Kristus!

Pesawat Boeing 777

Beberapa tahun yang lalu, saya menerima sebuah penglihatan tentang sebuah pesawat Boeing 777 dan banyak anggota gereja, termasuk saya, di dalam pesawat tersebut. Situasinya tampak seperti kami sedang menuju ke satu tempat lain. Penglihatan ini mengingatkan saya bahwa kita harus mempersiapkan diri seperti lima gadis bijaksana yang disebutkan dalam Alkitab. (Matius 25:1-13) Kita harus memastikan bahwa lampu kita selalu menyala (memberitakan atau membagikan Injil), dan minyak kita harus selalu penuh (dipenuhi oleh Roh Allah - Roh Kudus). Kita harus menjadi mempelai wanita yang cantik bagi mempelai pria yang kita cintai, Yesus Kristus. (2 Korintus 11:2) Pengangkatan dapat terjadi kapan saja. Kita harus bersiap-siap. Kita, orang-orang yang percaya kepada Kristus, yang masih tinggal, akan diangkat bersama-sama dengan mereka dalam awan menyongsong Tuhan di angkasa. (1 Tesalonika 4:17)

Menurut Alkitab, tujuh (7) adalah tentang kesempurnaan, kepenuhan, dan kelengkapan. Saya memahami bahwa kita, sebagai anak-anak Allah, harus sempurna karena Bapa kita yang di sorga adalah sempurna. (Matius 5:48) Ketika kita percaya kepada Kristus, kita dimeteraikan dengan Roh Kudus yang dijanjikan-Nya. (Efesus 1:13) Kita harus kudus sebagaimana Allah itu kudus. (1 Petrus 1:16) Kita harus selalu berjalan di jalan raya kekudusan - jalan Kristus. (Yohanes 14:6)

Kedatangan Tuhan Yesus sudah dekat! Kita harus bersiap-siap untuk kembali ke rumah kita yang kekal bersama Tuhan Yesus Kristus. Haleluya!

Yohanes Pembaptis

Pada waktu itu tampillah Yohanes Pembaptis di padang gurun Yudea dan memberitakan: "Bertobatlah, sebab Kerajaan Sorga sudah dekat!" Sesungguhnya dialah yang dimaksudkan nabi Yesaya ketika ia berkata: "Ada suara orang yang berseru-seru di padang gurun: Persiapkanlah jalan untuk Tuhan, luruskanlah jalan bagi-Nya." (Matius 3:1-3) Juga tertulis dalam Markus 1:4, "Demikianlah Yohanes Pembaptis tampil di padang gurun dan menyerukan: "Bertobatlah dan berilah dirimu dibaptis dan Allah akan mengampuni dosamu." Haleluya!

Suatu hari, saya mendengar suara yang mengatakan bahwa kita harus menjadi seperti Yohanes Pembaptis. Yohanes Pembaptis hanya makan madu hutan dan belalang. Kita juga tidak perlu khawatir tentang apa yang kita makan atau minum. Tuhan tahu apa yang kita butuhkan. Kita tidak perlu mengkhawatirkan hidup kita sendiri. Hidup kita ada di tangan Tuhan. Yang paling penting adalah kita harus mengabarkan Injil. Kita harus menyelamatkan jiwa-jiwa yang terhilang. Ini adalah tugas kita sebagai hamba Tuhan. Kita adalah orang-orang yang terpilih. Kita harus membawa sebanyak mungkin jiwa kepada pertobatan. Beritakanlah kepada mereka; ajarkanlah Injil Kristus yang sejati kepada mereka. Kiranya Tuhan memberkati semua usaha kita untuk membawa jiwa-jiwa baru ke dalam kerajaan-Nya. Haleluya!

Pelari

Saya melihat penampakan pelari ketiga, yang menyerahkan tongkat estafet kepada pelari terakhir. Adegan ini membuat saya sadar bahwa kita seperti pelari terakhir (generasi terakhir) yang harus menyelesaikan perlombaan. Tahukah Anda bahwa sebagai orang Kristen, kita berlari dalam perlombaan hidup kita dan kita bisa menang? Tetapi untuk mendapatkan hadiahnya, kita harus mengesampingkan segala sesuatu yang menghalangi kita untuk hidup sepenuhnya dalam cara hidup Kristen dan menaati Injil Kristus. Jika kita tidak secara serius memperhatikan perlombaan iman ini, kita mungkin akan kalah dalam perlombaan dan tidak akan sampai pada akhirnya. Paulus berkata dalam 2 Timotius 4:7, "Aku telah mengakhiri pertandingan yang baik, aku telah mencapai garis akhir dan aku telah memelihara iman." Meskipun ia menghadapi banyak pergumulan dalam memberitakan Injil Kristus, ia tidak menyerah; ia mampu menyelesaikan pekerjaannya dengan sempurna. Dengan cara yang sama, kita juga harus memfokuskan seluruh hidup kita kepada Yesus, tidak mudah menyerah, bersabar, dan menyelesaikan pekerjaan yang Tuhan berikan kepada kita. Iman kita akan diberi upah yang besar. (Ibrani 10:35) Tiap-tiap orang yang turut mengambil bagian dalam pertandingan, menguasai dirinya dalam segala hal. Mereka berbuat demikian untuk memperoleh suatu mahkota yang fana, tetapi kita untuk memperoleh suatu mahkota yang abadi. (1 Korintus 9:25) Haleluya! Segala kemuliaan bagi Tuhan kita Yesus Kristus!

Batu Putih

Beberapa tahun yang lalu, saya bermimpi Tuhan Yesus Kristus memberi saya sebuah batu putih. Saya terkejut mengapa Dia memberikan batu putih kepada saya, dan saya menolak untuk menerima pemberian itu dan memberi balik kepada-Nya. Setelah beberapa waktu, saya mengalami mimpi yang sama, dan kali ini, sebuah keinginan muncul dalam hati saya untuk mengetahui apa arti dari batu putih ini. Saya memegangnya dengan kedua tangan, dan ketika saya melihatnya, saya melihat sebuah nama tertulis di atasnya. Saya terbangun dari tidur saya dan bertanya-tanya mengapa saya menerima batu ini. Apa artinya? Dalam Kitab Wahyu 2:17, Tuhan Yesus berkata, "Barangsiapa menang, kepadanya akan Kuberikan dari manna yang tersembunyi; dan Aku akan mengaruniakan kepadanya batu putih, yang di atasnya tertulis nama baru, yang tidak diketahui oleh siapa pun, selain oleh yang menerimanya." Haleluya!

Wahyu 3:10

Beberapa kali, saya terbangun di tengah malam. Ayat-ayat dalam Wahyu 3:10 menarik perhatian saya: "Karena engkau menuruti firman-Ku, untuk tekun menantikan Aku, maka Aku pun akan melindungi engkau dari hari pencobaan yang akan datang atas seluruh dunia untuk mencobai mereka yang diam di bumi." Haleluya. Segala kemuliaan bagi Tuhan kita Yesus Kristus!

Aku berdoa

Saya berharap dan berdoa agar kita semua layak untuk melepaskan diri dari segala macam penganiayaan dan kesengsaraan dan tetap berdiri teguh sampai kedatangan Anak Manusia. Saya berdoa agar kita semua berjaga-jaga dan berdoa secara terus-menerus sehingga kita tidak jatuh ke dalam pencobaan. Saya berdoa agar kita semua dapat menjadi seperti lima gadis bijaksana yang mempersiapkan diri dengan baik untuk kedatangan mempelai laki-laki yang kita cintai. Saya berdoa agar Tuhan memegang tangan kita erat-erat dan membawa kita dengan selamat ke Kawin Anak Domba. Saya berdoa agar kita semua diangkat dalam awan-awan untuk bertemu dengan Tuhan di angkasa. Saya berdoa agar Tuhan membuat kita layak untuk masuk ke dalam kota suci, Yerusalem Baru. Saya berdoa agar kita semua akan bertemu di sorga dan hidup bersama Tuhan untuk selama-lamanya. Dalam nama Yesus, saya berdoa. Amin dan amin. Berharaplah dan percayalah kepada Kristus Yesus. Haleluya!

Berbagi Kristus dengan Semua Orang

Di hari-hari terakhir ini, kita harus memperingatkan orang untuk bertobat. Kita juga harus membagikan tentang Kristus kepada mereka dan memperingatkan mereka bahwa Kerajaan Allah akan segera ditegakkan di bumi ini, dan kita harus hidup dengan benar di hadapan Tuhan.

Stasiun Kereta Api

Jika seseorang ingin bunuh diri di stasiun kereta api dan secara kebetulan Anda sedang berdiri di sana, apakah Anda akan menyaksikan kereta api menabrak orang tersebut? Atau apakah Anda akan menyelamatkan orang tersebut meskipun Anda tidak tahu siapa orang tersebut?

Antrian Untuk Melompat ke Dalam Api

Contoh lainnya adalah jika Anda melihat seseorang yang Anda kasihi, seperti keluarga, kerabat, atau teman, berbaris di gunung yang tinggi untuk melompat ke bawah sungai api. Apakah Anda akan mendorong mereka kembali, memperingatkan mereka, atau membiarkan mereka melompat ke dalam api satu per satu?

Bus

Pernahkah Anda bermimpi tentang keluarga dan kerabat Anda di dalam bus? Tujuan bus adalah ke sorga, tetapi seseorang membunyikan bel dan keluar dari bus. Ketika Anda melihat wajah mereka, Anda menyadari bahwa mereka adalah anggota keluarga atau kerabat Anda. Apa yang akan Anda lakukan?

Benih yang jatuh dalam semak duri

Apa yang akan Anda lakukan jika Anda bermimpi orang tua atau saudara Anda berjalan di bawah semak duri di hutan? Matius 13:22 mengatakan bahwa "benih yang jatuh di tengah semak duri" merujuk kepada seseorang yang mendengar firman tetapi terhimpit oleh kekuatiran dunia ini dan tipu daya kekayaan, sehingga tidak berbuah. Apakah Anda akan tetap berdiam diri?

Gembala, Domba, Kambing

Bagaimana jika Anda melihat kawanan domba yang sedang berjalan dengan gembira bersama Gembala yang Baik, tetapi kemudian Anda melihat beberapa ekor kambing di luar kandang yang sedang melihat ke sana kemari? Anehnya, Anda dapat melihat nama-nama pada kambing-kambing itu, dan nama-nama itu adalah orang-orang yang Anda kasihi dan sayangi! Dan tiba-tiba, Anda teringat apa yang Yesus katakan dalam Matius 25:32-46: Ia akan memisahkan mereka seorang dari pada seorang, sama seperti gembala memisahkan domba dari kambing apabila Anak Manusia datang. Ia akan menempatkan domba-domba di sebelah kanan-Nya dan kambing-kambing di sebelah kiri-Nya. Mereka yang berada di sebelah kanan akan masuk kerajaan surga; sedangkan yang di sebelah kiri akan dicampakkan ke dalam api abadi.

Jika Anda adalah orang percaya sejati dan menyaksikan mimpi, penglihatan, atau situasi yang melibatkan keluarga, kerabat, atau teman Anda, bagaimana reaksi Anda? Sejujurnya, sayalah yang menerima semua mimpi, penglihatan, dan wahyu tentang keluarga, kerabat, dan teman-teman saya. Semua pesan ini datang dari Tuhan, dan saya memperingatkan mereka untuk bertobat. Terima kasih Tuhan. Hasilnya ada di tangan Tuhan Yesus Kristus. Saya masih berdoa untuk mereka sampai sekarang dan berharap mereka bertobat dari dosa-dosa mereka. Saya harap Anda semua membagikan Kristus kepada orang-orang yang belum diselamatkan dan kepada siapa pun yang dipimpin oleh Roh Kudus sebelum pintu karunia tertutup. Kita perlu memperingatkan semua orang sebelum terlambat.

Gadis Perawan yang cantik

Saya mendapatkan sebuah penglihatan beberapa bulan yang lalu di mana saya melihat seorang gadis muda yang cantik di pantai, memegang sebuah lampu di tangan kanannya dan menunggu dengan sabar untuk seseorang. Pemandangannya hampir terbenam, dan dia masih menunggu seseorang dengan setia. Situasinya sama dengan kita; kita juga sedang menantikan mempelai pria yang kita cintai, Yesus Kristus. Dunia saat ini sedang kacau balau, dan kegelapan hampir menyelimuti seluruh dunia. Namun, kita, sebagai mempelai wanita Kristus, tidak perlu takut akan apa pun. Kita harus terus memegang pelita dan menantikan dengan sabar mempelai laki-laki yang kita kasihi, Yesus Kristus. 2 Korintus 11:2 menyatakan, "Sebab aku cemburu kepada kamu dengan cemburu ilahi. Karena aku telah mempertunangkan kamu kepada satu laki-laki untuk membawa kamu sebagai perawan suci kepada Kristus." Kita semua harus merindukan Kristus untuk menguduskan kita sepenuhnya. Kita harus disucikan dengan pembasuhan air dengan Firman supaya kita menjadi kudus dan tidak bercacat cela di dalam-Nya. Karena itu, setialah kepada-Nya sampai pada akhirnya. Dia akan segera datang. Tuhan Yesus akan segera datang! Haleluya! Maranatha! Datanglah, Tuhan Yesus, datanglah. Amin, dan amin.

Seperti Bahtera Nuh

Saya melihat Tuhan Yesus berdiri di depan perahu besar dalam sebuah penglihatan. Yesus berkata dalam Yohanes 10:9, "Akulah pintu; barangsiapa masuk melalui Aku, ia akan selamat dan ia akan masuk dan keluar dan menemukan padang rumput. Kita harus percaya kepada Yesus Kristus untuk diselamatkan, sama seperti Nuh dan keluarganya diselamatkan ketika mereka masuk ke dalam bahtera. Haleluya!

Aku Segera Datang!

Suatu hari, saya menerima sebuah penglihatan berupa catatan singkat dari Tuhan di dalam sebuah botol yang menyatakan, "Aku akan segera datang!" Saya berharap dan berdoa kepada Tuhan agar kita semua bersiap-siap untuk kedatangan Tuhan yang sudah sangat dekat. Tuhan Yesus akan segera datang dan membawa kita semua pulang dengan selamat. Haleluya! Segala kemuliaan bagi Allah Bapa, Anak dan Roh Kudus!!! Maranatha! Datanglah, Tuhan Yesus!

Kursi Kerajaan

Beberapa hari yang lalu, saya menerima sebuah penglihatan tentang sebuah lingkungan yang penuh dengan awan di langit. Kemudian saya melihat sebuah kursi kerajaan di tengah-tengahnya. Saya melihat seekor Anak Domba Allah di sana. Setelah itu, saya melihat bahwa sosok anak domba itu ternyata adalah Tuhan Yesus Kristus. Dan Dia duduk di atas kursi kerajaan itu, dengan penuh kemuliaan dan kuasa. Saya diperlihatkan Kursi Kerajaan Tuhan dari dekat. Kursi itu begitu indah, besar, dan mengagumkan. Dalam penglihatan itu, saya terus memandang Kursi Kerajaan Tuhan. Dan saya tahu bahwa ini adalah sesuatu yang berhubungan dengan takhta Allah. Haleluya! Tuhan kita itu baik.

Matius 28:18 dengan jelas mengatakan bahwa segala kuasa di sorga dan di bumi telah diberikan kepada Tuhan Yesus.

Apabila Anak Manusia datang dalam kemuliaan-Nya dan semua malaikat bersama-sama dengan Dia, maka Ia akan bersemayam di atas takhta kemuliaan-Nya. (Matius 25:31)

Dan aku mendengar semua makhluk yang di sorga dan yang di bumi dan yang di bawah bumi dan yang di laut dan semua yang ada di dalamnya, berkata: "Bagi Dia yang duduk di atas takhta dan bagi Anak Domba, adalah puji-pujian dan hormat dan kemuliaan dan kuasa sampai selama-lamanya!" (Wahyu 5:13) Hallelujah!

Saya sampai pada sebuah pemahaman. Saya telah diperlihatkan penglihatan ini untuk mengingatkan semua orang yang percaya kepada Kristus akan kedaulatan Allah di atas takhta di sorga. Ini juga merupakan panggilan bagi kita untuk memuliakan Tuhan Yesus Kristus dalam segala hal dan setiap saat. Untuk memuliakan Tuhan, kita perlu memuji dan menghormati Dia. Cara kita menjalani hidup haruslah berkenan kepada Allah. Kita harus memuliakan Allah kita karena Dia layak menerima segala kemuliaan dan hormat. Mazmur 29:2 mendorong kita untuk memuliakan nama-Nya. Tuhan Yesus akan datang! Tuhan Yesus akan datang! Bersiaplah, karena Kerajaan Allah sudah dekat! Maranatha! Tuhan memberkati kita semua!

Catatan Sederhana

Tuhan biasa berkomunikasi dengan anak-anak-Nya melalui firman-Nya, mimpi, penglihatan, wahyu, dan lain-lain. Dia memiliki banyak cara untuk menyentuh anak-anak-Nya. Semua mimpi dan penglihatan yang baik datang langsung dari Tuhan, melalui kuasa Roh Kudus. Kita dapat membaca dalam kitab Yoel bahwa bahkan pada hari terakhir, Tuhan masih berbicara kepada kita melalui mimpi dan penglihatan. Sejujurnya, saya sering mendapatkan banyak mimpi dan penglihatan dari Tuhan, dan saya bersyukur kepada Tuhan untuk itu. Haleluya!

Di masa lalu, saya menerima banyak mimpi peringatan dari Tuhan untuk bertobat. Namun setelah saya sungguh-sungguh bertobat dari dosa-dosa saya, saya menerima mimpi dan penglihatan yang berbeda yang membangun iman saya kepada Tuhan dan membantu saya memahami lebih banyak tentang bagaimana menjadi manusia baru di dalam Kristus. Saya mengerti bahwa Tuhan ingin melihat buah Roh dalam kehidupan anak-anak-Nya. Selain itu, setelah saya mulai berjalan bersama Tuhan, saya mendapat satu penglihatan. Saya melihat Yesus berdiri di tengah sungai, memberi makan ikan, dan Dia meminta saya untuk melakukan hal yang sama. Dengan segera, saya mengerti bahwa saya harus membagikan semua mimpi dan penglihatan yang baik itu kepada orang lain. Hal itu dapat membangun pertumbuhan rohani mereka.

Ada juga sebuah penglihatan yang mengejutkan. Setelah saya terbangun dari tidur, saya melihat seorang malaikat memberkati saya dengan berkat Harun. Saya juga melihat seorang malaikat di sisi kanan saya ketika saya sedang berkendara di alam roh. Haleluya! Suatu kali, dalam sebuah mimpi, seorang musuh menyerang saya ketika saya sedang berada di dalam kereta api. Tiba-tiba, sebuah tangan besar datang dan menutupi saya, membawa saya kembali ke alam fisik. Haleluya! Segala kemuliaan bagi Tuhan!

Kadang-kadang, saya juga lupa beberapa mimpi saya. Namun setelah saya meminta bantuan Roh Kudus, saya akan diingatkan kembali mimpi yang saya lupa. Ketika Anda mengalami mimpi yang indah dan terbangun dari tidur, Anda melupakan hampir semua hal tentang mimpi itu. Anda dapat meminta Tuhan untuk mengembalikan mimpi Anda yang lupa itu. Mimpi Anda dapat menjadi berkat bagi orang lain. Mimpi Anda dapat meningkatkan iman Anda dan menginspirasi orang lain. Jangan ragu untuk membagikan mimpi atau visi Anda, yang dapat memuliakan Tuhan Yesus Kristus. Ingatlah, Tuhan berbicara kepada Daniel dan Yusuf melalui mimpi dan penglihatan juga.

Namun, kita perlu memeriksa mimpi dan penglihatan kita dengan firman Tuhan. Tidak semua mimpi berasal dari Tuhan. Kadang-kadang mimpi itu berasal dari musuh. Jangan percaya pada setiap roh. Kita harus menguji roh itu. Ada tertulis dalam 1 Yohanes 4:1, "Saudara-saudaraku yang kekasih, janganlah percaya akan setiap roh, tetapi ujilah roh-roh itu, apakah mereka berasal dari Allah; sebab banyak nabi-nabi palsu yang telah muncul dan pergi ke seluruh dunia."

Jika Anda masih tidak yakin dengan mimpi atau penglihatan Anda, cobalah untuk meminta dua atau tiga orang teman Anda yang dipenuhi dengan Roh Kudus dan meminta mereka untuk berdoa kepada Tuhan tentang mimpi tersebut, apakah mimpi itu berasal dari Tuhan atau bukan. Setelah mereka mengonfirmasi, Anda dapat membagikan mimpi tersebut tanpa rasa khawatir. 2 Korintus 13:1 mengatakan bahwa dengan keterangan dua atau tiga orang saksi suatu perkara sah. Situasinya berbeda jika kita mendapatkan mimpi buruk atau mimpi jahat. Setiap manusia mungkin pernah mengalami mimpi baik dan mimpi buruk. Apalagi orang Kristen yang takut akan Tuhan? Mimpi jahat berasal dari Iblis dan bala tentaranya. Alasan utamanya adalah untuk membuat orang tersebut menjadi takut. Ketika seseorang menjadi takut atau panik, apa yang mereka pikirkan dalam pikiran mereka akan terwujud dalam kehidupan mereka. Kadang-kadang, itu juga merupakan serangan langsung dari musuh. Kebanyakan orang Kristen tidak tahu dan menghadapi masa-masa sulit dalam hidup mereka karena mimpi-mimpi jahat.

Ada banyak contoh mimpi buruk atau mimpi jahat. Sebagai contoh: makan makanan dalam mimpi, berhubungan seks dengan suami spiritual, istri spiritual, atau anak-anak spiritual dalam mimpi, bermimpi tentang orang yang sudah meninggal, bermimpi tentang leluhur, melihat ular, singa, atau kambing, anjing, katak, atau kucing dalam mimpi, bermimpi tentang peti mati, memiliki tangan yang buruk, penunggang kuda setan, dan lain-lain. Anda dapat mencarinya di Google; Mimpi buruk dapat menyebabkan masalah perkawinan, kesulitan keuangan, penyakit, stres, ketakutan, kecemasan, dan lain-lain.

Itulah sebabnya kita harus buat peperangan rohani untuk mengatasinya, seperti bagaimana Yesus menghadapi iblis dengan firman Tuhan ketika Ia dicobai di padang gurun. Kita juga perlu menggunakan firman Tuhan untuk membatalkan mimpi buruk. Firman Tuhan berkuasa, hidup, dan efektif.

Ada banyak ayat-ayat Alkitab yang dapat kita gunakan untuk membatalkan, meniadakan, dan menghancurkan efek dari mimpi jahat atau mimpi buruk. Kita harus membaca firman Tuhan, mempelajari ayat-ayat Alkitab, dan menggunakan ayat Alkitab yang sesuai untuk membatalkan mimpi buruk. Kita dapat mengucapkan pokok doa yang didukung oleh Alkitab, dan kita harus percaya pada apa yang kita doakan. Percayalah juga pada pimpinan Roh Kudus.

Senjata kita dalam perjuangan bukanlah senjata duniawi. (Baca ayat lengkapnya dalam 1 Korintus 10:4-5.)

Dan Tuhan akan melepaskan aku dari setiap usaha yang jahat. (Baca ayat-ayat lengkapnya dalam 1 Timotius 4:18.)

Tidak ada yang akan membahayakan kamu. (Baca ayat-ayat lengkapnya dalam Lukas 10:19.)

Apa yang kita ikat di dunia ini akan terikat di sorga dan apa yang kita lepaskan di dunia ini akan terlepas di sorga. (Matius 18:18)

Kita juga harus percaya kepada darah Yesus dan percaya kepada kepemimpinan Roh Kudus. Kita harus percaya dalam nama Yesus. Kita juga harus meminta karunia untuk membedakan antara mimpi yang baik dan mimpi yang buruk. Dengan mempraktikkan iman kita, kita dapat mengharapkan banyak pelepasan, kesembuhan, dan kedamaian dalam hidup kita. Haleluya! Segala kemuliaan bagi Tuhan kita Yesus Kristus!

Mari kita berdoa:

Bapa Surgawi, dalam nama Yesus dan dengan darah Yesus, kami membatalkan semua mimpi jahat dan mimpi buruk serta dampaknya terhadap kehidupan kami dalam nama Yesus, kami berdoa. Amin dan amin.

Bapa, berilah kami mimpi yang baik, terutama peristiwa akhir zaman, agar kami juga dapat mengambil bagian dalam keselamatan-Mu bagi umat manusia di akhir zaman ini, dalam nama Yesus, kami berdoa. Amin dan amin.

TUHAN memberkati engkaudan melindungi engkau;
TUHAN menyinari engkaudengan wajah-Nya
dan memberi engkaukasih karunia;
TUHAN menghadapkan wajah-Nyakepadamu
dan memberi engkau damai sejahtera.

Buku ini berjudul "Pimpinlah Roh Kudus Dalam Nama Yesus - (Seri Lengkap Bagian 1 dan Bagian 2) mengisahkan tentang bagaimana Tuhan memimpin kehidupan Matthew melalui kuasa Roh Kudus dan menjadikannya pribadi baru di dalam Kristus Yesus.
Tuhan membimbing dan mengajar Matthew melalui firman-Nya, mimpi, penglihatan dan wahyu dalam setiap situasi dan keadaan.
Semua pengalaman rohani ini membawa kedamaian dan sukacita yang melimpah dalam hidup Matthew dan memberinya kepercayaan diri untuk terus maju dan menjadi pribadi yang lebih baik.
Buku ini memberikan pengharapan untuk selalu bersama dengan Tuhan; Semoga mereka yang membaca buku ini juga mendapatkan berkat darinya.
Semoga Tuhan memberkati!

www.ingramcontent.com/pod-product-compliance
Lightning Source LLC
La Vergne TN
LVHW010938051026
849532LV00003B/1042
* 9 7 9 8 2 3 1 3 9 2 0 1 8 *